Jusqu'à moi… l'Amour tout simplement

BP 35 - 22410 Saint-Quay-Portrieux

Site : www.editionslefaucondor.com

ISBN 978-2-9545010-5-5

Photos de la couverture : *© Carlotta Forsberg*

© pictureguy32 – Fotolia.com

Sabrina GRATIAS

Jusqu'à moi… l'Amour tout simplement

Éditions Le faucon d'or

Avant-propos

Depuis la nuit des temps, nous cherchons à trouver notre juste place sur la Terre. Nous essayons vainement de fuir un passé, des karmas qui nous oppressent. Toujours à la poursuite d'un demain meilleur. Et si cette quête était en nous ? Et si tout ce que nous regardons à l'extérieur de nous n'était qu'un simple miroir de notre intérieur ? Et s'il suffisait, tout simplement, de s'aimer pour accepter d'ouvrir au présent, le trésor en nous ?

Resteriez-vous enfermés dans les limites de vos propres croyances ? Ou vous laisseriez-vous porter, à regarder et écouter silencieusement avec votre cœur, cette autre vision du monde, choisie par votre cœur, jusque-là inconnue, pour enfin y découvrir votre liberté de vivre ?

La vie est un cadeau. Si nous regardons dans un verre rempli de moitié, le côté vide du verre, alors ce cadeau peut prendre des allures de cadeau empoisonné. Si au contraire, vous choisissez de regarder le côté plein de ce même verre, par amour de vous, alors ce cadeau peut se transformer en rayonnant présent. Mais si vous regardez de tout votre cœur le verre entier, tant dans sa partie pleine que vide alors vous y découvrirez le plus merveilleux des cadeaux : votre liberté de vivre. Êtes-vous prêts à ce que vos rêves deviennent votre terrestre réalité ? À ce que l'abondance remplace l'insuffisance avec sérénité ? À ce que la magie, le merveilleux, l'extraordinaire prennent place active dans votre quotidien terrestre ?

Je vous propose le plus merveilleux des voyages. Laissez vos cartes et repères de côté. Fermez les yeux. Regardez, écoutez, ressentez avec votre cœur pour donner liberté et existence visible à vos plus grands souhaits. Ce n'est pas une promesse. C'est le plus beau cadeau que vous puissiez vous faire à vous-même. Il s'agit d'oser regarder de l'autre côté du miroir cet autre chemin qui a toujours existé en vous et qui vous donne la liberté d'Amour de choisir votre vie. Bon voyage !

Sabrina GRATIAS

Chapitre 1

Il était une fois… Le Yin et le Yang

Il était une fois, un univers où vivaient deux galaxies que tout opposait. La première galaxie sombre, profonde, intense et mystérieuse s'appelait « Âme Yin ». « Âme Yin » était dotée d'un pouvoir extraordinaire puisqu'elle était éternelle. Le temps n'avait aucune incidence sur elle. Ses reliefs, tantôt saillants, tantôt creux, lui donnaient son caractère profond et mystérieux. Son intemporalité renforçait sa personnalité aérienne presque insaisissable. Céleste, tel un ballon perdu dans le ciel, elle, n'avait aucune attache et évoluait sans orientation précise. Parfaitement indépendante, elle se savait différente et d'une déconcertante subtilité. Elle cultivait son charme singulier. Elle avait néanmoins ses propres limites. Toujours calquée sur le même fonctionnement, elle tournait quelque peu en rond et finissait inlassablement par revivre ce qu'elle avait déjà vécu, s'imprégnant sans cesse de ses acquis comme des repères, dont elle avait peine à se détacher.

Au cœur d'elle, se trouvaient pourtant trois planètes lumineuses, qui avaient une organisation bien différente. Cependant, elles avaient quitté toute la lumière de leur différence, à force d'être imprégnées par « Âme Yin ». Pourtant, à l'origine, ces trois planètes renfermaient des trésors. Elles se nommaient : « Sahasrara », « Ajna » et « Vishuddha ». Elles étaient des portes ouvertes vers un autre monde.

Chacune avait sa propre couleur. «Vishuddha » était d'un intense bleu, « Sahasrara », d'un blanc immaculé et « Ajna », elle, brillait d'un violine tendre.

« Sahasrara » était la plus rêveuse. Elle était la représentation même de la liberté du tout est possible. Elle était optimiste, douce, joyeuse et flirtait avec l'horizon tout entier. Elle était dotée d'un grand sens de la création et était capable de dessiner les paysages les plus surprenants. Elle ne faisait pas pour autant parler d'elle. Elle portait l'humilité avec beaucoup de grâce. Elle goûtait de tout cœur la vie, inventait, repoussait les limites de tous ceux qui l'entouraient, transmettait cette touchante force à croire en soi. Un petit séjour, une escapade à ses côtés et la perspective de lendemain meilleur coulait de source. Cependant, elle ressentait depuis toujours la nécessité complémentaire de développer une dimension beaucoup plus stable et ancrée. Sa maxime était : « Il suffit d'y croire pour donner vie à ses rêves ».

« Ajna », plus secrète, parfois même effacée, restait de nature à l'écart. Elle cultivait son propre mystère et à la manière d'une petite fée avait cette merveilleuse capacité de nous faire croire en l'invisible. Elle semblait sourire aux anges et partageait une complicité avec une autre dimension. Insouciante. Douce. Troublante à souhait. Elle réveillait l'enfant qui sommeille en chacun de nous en portant un regard nouveau empli d'amour sur chaque élément de l'univers. En regardant de tout son cœur un mur blanc, elle nous comptait les cœurs rose et bleu sortant des ailes des papillons avec lesquels elle jouait. Son imagination tellement pure nous les rendait visibles à la lumière de notre cœur. Elle répétait timidement : « Regarde mieux, regarde avec ton cœur ».

« Vishuddha » aimait refaire le monde. Ambitieuse, à l'écoute des plaisirs de la vie, elle poursuivait chaque jour son chemin vers une vie meilleure. Elle était entière, communicative et déterminée. Elle donnait la capacité à ceux qui se perdaient de se recentrer, de repartir d'eux-mêmes, d'être à l'écoute de leurs propres envies. Elle sentait de tout son cœur la valeur de chacun dans la merveilleuse différence qui marque l'identité. Son hymne était : « Par ta voix exprime ta voie ». « L' Âme Yin », en se refusant à s'inspirer et reconnaître l'importance de ces trois planètes, s'était condamnée à ne pas évoluer et revivre inlassablement ce qu'elle avait déjà vécu. Heureusement, dans une tout autre dimension vivait une autre galaxie appelée « Corps Yang ».

« Corps Yang », par son énergie, était troublant de vitalité. Poignant. Concret. Actif et toujours en mouvement. Il était dissipé et se dispersait sans cesse, répondant à son impulsivité naturelle. Joyeux, puissant, il ne manquait pas de courage. Ancré dans une stabilité innée, il était fort et sécurisant. Dirigiste, plein d'initiatives et téméraire, il vivait l'instant présent sans ne jamais s'y attacher. Rien n'avait jamais d'importance ni ne retenait véritablement son attention. Tout pour lui n'était qu'éphémère ou temporaire, si bien qu'il partait dans tous les sens, ne créant jamais d'alliance entre hier et demain. Hier disparaissant pour lui au moment où demain lui apparaissait... Aucune attache, aucune émotion, toujours avancer et ne jamais se retourner étaient sa façon de vivre. Charismatique, il impressionnait par sa prestance et son allure majestueuse. Seulement trois planètes avaient, en vain, depuis plusieurs années, tenté de résister à son action poignante et éphémère. Toutefois, au fil du temps, sous la pression de « Corps Yang », elles avaient, à leur tour, capitulé. Elles se nommaient : « Manipura », « Swadhisthana » et « Muladhara ».

« Manipura » brillait d'un jaune lumineux à la manière du soleil à son zénith. « Swadhisthana » flamboyait d'une orange lave volcanique en fusion et « Muladhara » resplendissait d'un rouge intense. « Manipura » avait trouvé son équilibre au sein de son émotionnel, toujours sensible et attachant. Sa maxime était : « Les émotions ouvrent à la vie ». Les lacs, les torrents et les cascades ornaient ses terres. Il se laissait guider par ses sensations et n'était jamais plus productif qu'en vibrant intensément des émerveillements que lui procurait la nature dans son essence profonde. Il rayonnait. Il ressentait de tout son cœur la Vie, en chaque part de l'univers, touché par sa sincérité et était magnétique, s'attirant la sympathie des plus réticents.

« Swadhisthana » était imaginatif, créatif et fertile. Il avait cette nécessité incroyable de communiquer avec l'autre, de créer sa vie en interaction avec autrui, pour évoluer, devenir encore meilleur au contact de l'autre. En écoutant l'autre avec le cœur, il savait le sublimer instantanément. Il était doté d'une énergie créatrice fulgurante. Émotif, responsable, il ressentait le meilleur de l'autre. Il recevait ainsi, simultanément, le meilleur de l'alliance magique avec l'autre, si cher à son cœur. Il disait : « C'est chaque jour, au contact d'autrui que je m'améliore ».

« Muladhara » était solide, profondément enraciné dans sa stabilité. Vif. Vigoureux. Il était éveil, essence, naissance et consolidait la moindre construction avec un engouement certain. Il était sage, de bon conseil et écoutait attentivement. Tantôt précis. Si naturellement merveilleux, qu'il en émerveillait chacun. C'était une base solide sur laquelle il est possible de créer toute ascension. Il répétait sans cesse : « Ta construction se dessine à partir de ton essence profonde ». Il avait une grande mémoire. « Corps Yang », depuis des milliers d'années, ignorait l'existence de ces trois planètes, se complaisant dans son autoritarisme. Toutefois, par la présence de ces trois planètes rebelles, il réalisait qu'il commençait à se fatiguer au fil du temps par son manque d'engagement et de sa difficulté à se consolider sur le long terme. En effet, que ce soit « Âme Yin » ou « Corps Yang », ils avaient tous deux de plus en plus de difficultés à rester insensibles à la lumière des mondes qui les habitait.

La force d'attraction de ces deux galaxies que tout opposait les rapprocha un jour de façon déconcertante en cette journée du 21 décembre 2012, où ces deux mondes furent simultanément connectés à « Anahata ». « Anahata » était une petite planète d'amour pur d'une luminescence merveilleuse.

En se positionnant ainsi, entre « Âme Yin » et « Corps Yang », Anahata venait de les unir simultanément. Les six portes de « Âme Yin » et « Corps Yang » venaient, par cette interaction, d'être rassemblées par « Anahata », la porte de la vie, de la liberté et de l'amour.

« Anahata » leur offrait tellement de perspectives d'amour libre que leur nature profonde ressurgissait. « Sahasrara » venait de charmer « Muladhara » par ses promesses de perspectives nouvelles et innovantes. Tandis que « Swadhisthana » était tombé éperdument amoureux de la douce et mystérieuse « Ajna ».

Leur attirance irrésistible les avait à tel point rapprochés l'un de l'autre, que naturellement, « Vishuddha » rencontrait « Manipura » dans une effervescence qui finit de connecter ces deux galaxies pourtant si différentes.

Cependant, les premiers jours, la cohabitation entre « Âme Yin » et « Corps Yang » n'était pas de tout repos. « Âme Yin » ne comprenait pas l'austérité, le caractère froid et hautain de son voisin qui s'évertuait lui, à ne voir en elle, qu'une folle déboussolée, n'ayant pas du tout les pieds sur terre. Et pourtant, ils ne pouvaient plus s'ignorer désormais et déjà un doux parfum d'amour naissait, envers et contre tout, entre eux. « Anahata » leur rayonnait l'amour qui sommeillait en chacun d'eux, les aidant, non seulement à s'aimer, mais aussi et surtout, à se transcender l'un et l'autre. Les deux galaxies s'en trouvaient à jamais changées, transformées, bien plus encore, transcendées l'un l'autre et l'un par l'autre. Sans le savoir, « Anahata », le doux centre de cette alliance révélait le fondement même d'un nouveau monde d'une dimension et d'une intensité inédites jusqu'alors. Avec douceur, « l'Âme Yin » allait se laisser guider, orienter avec confiance pour donner une intensité plus profonde à « Corps Yang », si austère et rigide au départ. Et ce dernier, allant quant à lui, créer les racines profondes et lui donner la chance de vivre une vie meilleure. En retour, « Âme Yin » lui donnerait toute la profondeur d'une sensibilité, d'une éternité où l'instant rend plus vrai, plus fort et donne plus encore envie de grandir, de découvrir l'inconnu en appui d'hier.

Nous avons tous un sexe de naissance qui constitue notre identité, soit masculine, soit féminine. Mais en chacun d'entre nous, hommes et femmes existent une part féminine et une part masculine : le Yin et le Yang. Notre Yin est ce que l'on appelle notre âme et notre Yang est notre corps physique. Notre âme est éternelle, elle renferme nos croyances, notre vision, réflexion sur la vie et notre communication intérieure. Notre Corps, moteur de notre présent, lui, renferme nos émotions, notre créativité et notre sens de la concrétisation. La connexion entre notre âme et notre corps est établie à travers sept portes invisibles : les chakras. Ces sept portes sont unies lors de l'incarnation, à partir « d' Anahata », le chakra cœur. Les chakras se situent du sommet de notre tête à la naissance de nos jambes. Ils sont répartis au-dessus et en dessous de notre chakra cœur « Anahata », qui lui, est positionné au cœur de notre poitrine, sur deux axes qui n'en font en fait qu'un : notre amour de nous-mêmes et notre amour des autres. Les trois chakras supérieurs (ceux du haut, au-dessus du chakra cœur), nous ouvrent à l'amour de soi et l'amour du Ciel. Et les trois chakras inférieurs (ceux du bas, sous le chakra cœur) nous ouvrent à l'amour des autres et l'amour de la Terre. En système miroir les chakras se répondent à partir « d'Anahata ».

Ainsi, le chakra coronal « Sahasrara » fonctionne avec « Muladhara », le chakra racine. C'est dans notre connexion « Terre-Ciel », à la manière de l'arbre de vie que nos racines enfoncées bien profondément dans la terre nous permettent de pouvoir nous élever très haut dans le ciel. Une relation parfaite dans notre volonté de concrétiser ce à quoi nous rêvons et ce que nous aimons de tout notre cœur. Le chakra troisième œil « Ajna » lui, se complète avec le chakra Sacré « Swadhisthana », ainsi, ce que nous visualisons est simultanément créé. Enfin, au plus près du chakra cœur, le chakra gorge « Vishuddha » et le chakra plexus solaire « Manipura », nous permettent de choisir de vivre un demain meilleur, en appui d'hier, en nous libérant émotionnellement de tout ce qui ne nous correspond plus, pour nous permettre de recevoir tout ce qui nous correspond davantage.

Notre âme, le Yin étant notre passé et notre corps le Yang étant notre présent. Le futur étant offert, dès la naissance, par les sept portes de Lumière que sont les chakras qui s'ouvrent lors de notre incarnation, à partir de notre cœur. Ces sept portes, dites sept souffles de vie, nous offrent le souffle des Rêves, le souffle du Bien et de la Beauté, le souffle de la Liberté, le souffle de l'Amour, le souffle de la Pureté, le souffle de la Magie et le souffle de la Joie. Ces sept souffles nous révèlent la clef de la Vie.

Chapitre 2

Les croyances et le besoin de reconnaissance

En chacun de nous est renfermé notre vécu ; ce que nous avons découvert, aimé, détesté au fil de notre vie et sur lequel nous construisons ce que nous appelons des repères, à partir de nos croyances. Notre plat préféré : la bonne blanquette de veau de mamie. Notre confiture préférée qui est la confiture de fraises. Notre besoin de ranger et nettoyer pour se sentir libre et pour se sentir mieux respirer ou encore notre volonté de toujours faire ce qu'on appelle le Bien. Tout ce qu'on se répète d'année en année chaque jour devient nos croyances et dicte le chemin de notre vie. Ainsi, la blanquette de mamie est très bonne, mais elle n'est pas notre plat préféré. Cependant, elle l'est devenu le jour où nous avons voulu lui faire plaisir en lui disant que c'était notre plat préféré et ainsi à force de le répéter, pour la flatter, c'est devenu notre croyance absolue.

Pourquoi construisons-nous nos croyances sur les autres ou par rapport aux autres ? Pour les mêmes raisons qui égarent chacun d'entre nous : pour être aimé, être reconnu de l'autre. En effet, on ne se considère pas prioritairement, sinon la vie serait bien différente. On évolue en fonction du regard des autres ou en comparaison avec eux, complexe d'infériorité ou de supériorité par rapport à toutes celles et ceux qui nous entourent. Pourquoi ? Puisque l'on recherche ce que chacun d'entre nous recherche inexorablement... L'amour, la reconnaissance de l'autre. Et aussi parce qu'en chacun de nous résonne la peur d'être différent et donc écarté par les autres par notre différence. Être comme l'autre nous donne l'illusion rassurante d'être proche de lui et de garder un lien avec lui. Alors, on joue la connivence d'être le même pour ne pas être détaché les uns des autres.

Certes, la confiture de fraises nous l'aimons bien. Mais est-ce vraiment celle que l'on préfère ou est-elle simplement celle, référence émotionnelle, à notre passé ? Notre obsession du rangement, de la propreté est-elle notre envie personnelle ou le schéma repère d'un de nos proches parents que nous nous sommes appropriés pour mieux nous rapprocher et ressembler ainsi à ceux que nous aimons ?

On se crée des dépendances qu'on finit par se reprocher et qui, à terme, nous détruisent au lieu de nous construire. On s'évertue à ne pas se détacher les uns des autres et ainsi sans même nous en rendre compte, on se prive de notre propre et précieuse liberté d'être nous-mêmes dans ce cadeau qu'est notre différence originelle. Pour nous dédouaner de cette dépendance, on s'est inventé des relations qui créent notre interaction. On va ainsi penser que l'on fait le bien en pensant à l'autre avant de penser à soi. C'est notre croyance parce qu'elle nous donne la sensation d'être quelqu'un de bien, car cela fait des années que notre société, nos familles nous transmettent ce même message. Résultat, nous ne nous écoutons plus dans ce que nous sommes et nous devenons ce que l'on pense que l'on doit être. Le téléphone sonne, il est 22 heures et nous sommes épuisés, mais ça ne se fait pas de ne pas écouter sa voisine nous raconter ses malheurs jusqu'à minuit. Pourquoi ? La pauvre, elle est toute seule, elle n'a que nous... Et voilà comment on fait passer l'autre avant soi-même, pas parce qu'on en a envie, mais parce que selon nos croyances, on est quelqu'un de bien uniquement si on le fait. Et le plus extraordinaire est que, plus on le vit, plus on se persuade que c'est ce que l'on veut naturellement pour soi. Notre volonté de toujours faire le bien, émane-t-elle de nous ou de l'image que nous voulons renvoyer aux autres ? Comment cette croyance est-elle née ?

Notre schéma familial, notre éducation, nos rapports à nos parents, à nos proches, notre scolarité, les mots, les phrases avec lesquelles on nous a parlé deviennent les axes de nos croyances. Ainsi, un enfant qui n'est pas enfant unique créera inconsciemment une croyance de devoir, à vie, partager avec d'autres l'amour qu'il reçoit. Pendant toute son enfance, il a vu ses parents partager cet amour en deux, trois ou quatre. C'est son repère d'enfant qui lui donne cette première croyance que l'amour doit se partager à plusieurs. Et c'est de cette façon qu'il aura toute sa vie la peur d'être trahi, car il pensera devoir partager l'amour. En effet, en partant de ce qu'il a vécu, il ne peut pas imaginer recevoir un amour exclusif. Il déclenche tout, malgré lui, pour reproduire ce schéma qui ne correspond plus à ce qu'il veut, mais que sa croyance le guide à répéter inlassablement. Il souffre de trahison craignant la sensation que l'autre va un jour ou l'autre le tromper, parce que c'est son image de devoir un jour partager avec une ou plusieurs autres personnes, cet amour qu'il a reçu. Ceci étant accentué par l'effet « miroir » que nous évoquerons un peu plus tard. De la même manière, un enfant qui a eu un père qui travaille beaucoup et fait de nombreux déplacements, se verra confronter à cette difficulté de tenir ceux qu'il aime à ses côtés. Dans la mesure où sa croyance est que l'amour se vit à distance et dans des échanges éphémères, il tiendra malgré lui la personne aimée à distance, ne lui projetant que cette dimension vécue de l'amour. En retour, ne sentant pas l'encouragement à se stabiliser, mais bien davantage la part de l'éloignement de l'autre : elle se tiendra à l'écart sous différents prétextes : passions prioritaires, déplacements professionnels. Ce n'est pas son souhait d'adulte mais c'est ce qu'il déclenchera malgré lui, prisonnier de sa croyance que l'autre ne peut pas rester, afin de répondre à l'image de ce qu'il a connu de l'amour dans son schéma d'enfant.

Dans un autre registre encore, un enfant, qui par de nombreuses reprises aura été mis à l'écart, repoussé quand il réclamait de l'affection, de la tendresse, reproduira sans le vouloir les mêmes situations de rejets violents à l’âge adulte, n’ayant connu que cette vision du rapport à l'autre. Il souffrira ainsi régulièrement de cette douleur d'être rejeté sous différentes formes alors qu'il ne fera en fait que de proposer à l'autre (par sa peur du rejet) d'être de nouveau repoussé, donnant ainsi le pouvoir à l'autre de le rejeter. C'est inéluctable et l'on se plie à vouloir voir la faute chez l'autre qui rejette, abandonne, trahit. Alors que c'est, en fait, la résultante de nos croyances, qui par nos peurs, liées à notre vécu, nous font inlassablement revivre les mêmes situations en donnant le pouvoir à l'autre d'être le pire, sans jamais considérer qu'il puisse être le meilleur.

Lorsque nous sommes conçus, nous créons un lien empathique privilégié avec notre mère. Pendant les neuf mois où elle nous porte, elle crée en nous la sécurité de nos racines. Tout ce qu'elle vit, nous le ressentons avec l'intensité avec laquelle elle le vit. C'est autant d'informations qui sont enfermées en nous dès notre conception. Ensuite, quand nous arrivons au monde, nous sommes innocents de tout. Pendant nos quatre premières années de vie, tout ce que nous vivons est empreint de pureté et nous recevons tout ce qui nous entoure avec émerveillement sans jamais être blessé, marqué ou dénaturé. Toutefois, dès l'âge de quatre ans, nous commençons à nous imprégner de tout ce qui nous entoure pour constituer nos repères à partir de leurs croyances. Ainsi, nous quittons l'axe de tout recevoir naturellement à partir de soi pour nous diriger vers l'extérieur en nous oubliant nous-mêmes peu à peu, dans ce que nous sommes. Nos parents et notre entourage deviennent les modèles, de la manière dont nous construirons nos bases pour notre vie personnelle.

La plupart d'entre nous pensent qu'ils ne peuvent être aimés que pour ce qu'ils font. Pourquoi ? Ā travers nos repères passés, devenus des croyances absolues. Si vous grandissez avec un père qui vous demande de faire toujours mieux à l'école, ne vous complimente que très peu et vous compare à vos frères et sœurs. Il ne veut pas intentionnellement déclencher ce qu'il crée en vous. Bien souvent même ne fait que reproduire son propre vécu sans même y prêter attention. Et pourtant, il aura installé en vous la croyance que pour être aimé, vous devez faire des efforts, être en compétition pour être meilleur que les autres et que vous devez dans la vie donner beaucoup, pour recevoir un petit peu. Ainsi, vous vous efforcerez, persuadé que c'est votre seul chemin de toujours donner davantage et vous grandirez dans cette croyance. En pensant ainsi, la vie se transforme en un rude combat de « faire », dans lequel sans acharnement, vous n'obtenez jamais rien. Voilà comment naissent les croyances qui nous emprisonnent, et nous contraignent à survivre, au lieu de vivre. Si vous interrogez ces personnes prisonnières de leur carrière, elles vous diront qu'elles sont très heureuses ainsi et que tout va bien pour elles. Ce n'est pas faux puisque vu sous leur angle, c'est leur seule vision du monde qui correspond à la réalité puisque c'est leur vie depuis de nombreuses années. Les parents veulent toujours le meilleur pour leur enfant. Ils les font à leur image parce que, ce qu'on leur a transmis est pour eux la seule vérité en ce monde et naturellement à leur tour ils retransmettent ce qu'on leur a appris. Convaincus que cela a été le meilleur pour eux, ils penseront donc que ce sera le meilleur pour leurs enfants. C'est comme ça que certains, pour faire plaisir à leurs parents, vont prendre des orientations professionnelles qui ne sont pas les leurs. Ils vont choisir des études qui correspondent aux souhaits de leurs parents pour « leur faire plaisir ». Encore une autre façon d'être aimé pour ce que l'on fait.

Parfois les parents se répartissent l'affection et ont leur petit préféré : un enfant plus fragile, plus sensible ou un enfant qui a pu connaître des difficultés de santé. Cela va dénaturer l'autre enfant qui se sent moins aimé. Pourquoi ? Le message qu'il reçoit est : « Sois comme ton frère ou ta sœur et je t'aimerai autant ». Ainsi l'enfant va totalement perdre sa propre identité pour tenter de ressembler au mieux à ses frères et sœurs, afin de recevoir une affection identique.

Non seulement il n'y parviendra pas, car on ne peut jamais devenir l'autre, mais pire encore, il va quitter sa propre identité jusqu'à pouvoir se perdre. Il n'y a pas de coupable dans ces différentes situations, juste la création d'un schéma destructeur que nous nous renvoyons les uns aux autres comme pour mieux cautionner notre dépendance les uns envers les autres. Nous grandissons ainsi en devenant ce que nous croyons que nous devons être et non en étant ce que nous sommes naturellement. Nous constituons ainsi chacun à notre manière notre carapace de défensive, de protection des autres qui nous dénature. Et plus nous avançons avec et plus nous nous persuadons qu'elle est notre nature profonde. Nous n'osons pas marquer notre différence pour ne pas renier ceux que nous aimons. Alors, nous copions leurs identités pour continuer de ressentir ce lien qui nous unit à travers cette ressemblance que nous alimentons.

Cela fait des milliers d'années que nous nous enfermons les uns, les autres dans un schéma destructeur opprimés-oppresseurs et défenseurs. Pourquoi ? Pour être sûrs que nous ne serons jamais éloignés les uns des autres. Ce schéma repose sur nos peurs qui nous éloignent de notre cœur. Ainsi, en restant au centre de nos peurs, nous évoluons tous dans le même schéma comme pour ne jamais nous détacher les uns des autres. Sur quoi repose ce schéma ? Le fait de nous oublier dans le « je » de notre être pour nous centrer toujours davantage sur l'autre. Ainsi, on s'oublie dans ce que l'on veut vraiment pour soi et on répond sans cesse à ce que l'autre attend de nous ou à ce que l'on croit qu'il attend de nous, plus exactement. Trois axes s'ouvrent alors : soit nous subissons l'autre en lui donnant le pouvoir de tout décider pour nous, soit nous décidons nous-mêmes de prendre le pouvoir sur l'autre et de tout décider pour lui, ou enfin nous choisissons de prendre le pouvoir de défendre celui qui subit et de dénoncer celui qui domine. Voilà la naissance même de notre dualité humaine. Bien sûr, il en existe un autre, mais depuis des années nous l'avons ignoré, qualifié d'utopique, d'impossible, un peu comme une inaccessible étoile, pour mieux nous en éloigner. Quel est-il ? Notre propre pouvoir de vivre notre vie sans que l'autre prenne le pouvoir dessus et sans que nous prenions nous-mêmes du pouvoir dans la vie de l'autre.

La dualité humaine nous empêche de rêver à mieux, car elle nous pousse à tout remettre en question par peur de l'influence de l'extérieur. Ainsi, au lieu de voir le choix qui nous est donné de vivre une vie meilleure, nous le vivons comme une fatalité douloureuse où nous ne lisons en l'autre qu'un opposant dominant dominé destructeur. Notre dualité nous oppose une chose à une autre. Seulement, si à petite échelle elle n'est pas destructrice, plus nous la développons et plus elle devient notre prison, quel que soit l'axe choisi. Alors, pour le cautionner et mieux rester enfermé dedans, on a fait grandir notre amour de ce pouvoir que l'on prend sur l'autre ou donne à l'autre. Et on finit par se faire croire que lui seul gouverne notre monde. Pourquoi avons-nous fait cela ? Pour être aimé de l'autre. Nous avons tellement voulu être aimés, que nous nous sommes emprisonnés les uns aux autres jusqu'à notre destruction totale. Ainsi, en faisant le sacrifice de soi pour l'autre, on pense définitivement que l'autre nous aimera toujours, même si au quotidien ça fait mal. L'opprimé ne cessera de se plaindre de subir son oppresseur et pourtant le jour où il en sera détaché, il sera perdu parce qu'il ne se connait existé qu'en tant qu'oppressé. Et à la seconde où son oppresseur disparaît, il ne sait plus qui il est. Il est perdu, comme totalement désorienté. C'est ainsi que des femmes battues ne peuvent se résigner, malgré leur souffrance, à quitter leur conjoint transformé en bourreau. Si la femme a vu son conjoint par de nombreuses fois être violent, faisant écho à un schéma de sa propre enfance, ne le regardant qu'ainsi, elle ne peut pas déclencher autre chose dans sa relation avec lui. L'oppresseur n'existe que parce que l'opprimé lui reconnaît son pouvoir sur lui et vice versa. C'est très douloureux à accepter mais c'est pourtant bien vrai. D'une autre façon, le défenseur n'a de pouvoir défensif que s'il a quelqu'un d'opprimé à défendre. Donc, en gardant son positionnement de sauveur, il maintient l'opprimé dans son rôle de victime. Donc il est en fait, au-delà du sauveur, un bourreau déguisé. Un homme qui s'occupera toujours des autres dira qu'il trouve son bonheur dans le bonheur des autres, mais un jour ou l'autre il reconnaîtra qu'il donne tout et ne reçoit jamais rien en retour. Pourquoi ? La victime devient un vampire d'énergie qui prend tout, n'est jamais rassasié et restera à vie insatiable puisque c'est sa nature d'origine en tant que victime d'être ainsi. Le sauveur, en donnant 90 % ne s'offre en proportionnalité que 10 % à recevoir, mais ne s'en rend pas compte et finira par trouver cela injuste. Comme chacun joue le jeu au lieu du « je » il est facile de rester dans cette dimension en se faisant croire qu'elle est la seule existante. Au fur et à mesure des générations, nous nous sommes transmis ce même schéma en lui donnant chaque fois plus de poids jusqu'à le rendre inévitable et dire que c'est la vie. Il s'agit en fait que d'une survie. Chacun d'entre nous se plaint, le déplore, cherche à s'en défendre ou à protéger à l'excès certains d'entre nous que l'on croit plus meurtris que nous-mêmes, mais la réalité est ailleurs... Quelque part en nous.

Certaines personnes fuient très loin pour tenter de lui échapper, pour se sentir plus libres. D'autres ne s'engagent pas, inconscientes ou parfois mêmes conscientes de ne pas vouloir s'étouffer dans ce schéma.

Dans cet axe destructeur du bourreau-victime-sauveur, nous nous sommes enfermés dans cinq peurs, pour définitivement fermer la porte et rester dans notre prison de complaisance les uns envers les autres. Peur d'être abandonnés. Peur d'être rejetés. Peur d'être trahis. Peur de l'injustice. Peur de l'humiliation. Ces cinq peurs orientent notre rapport de dépendance les uns envers les autres renforçant encore le chaos provoqué par notre dualité. Alors que cette liberté que nous cherchons tous est en nous, depuis toujours. Sommes-nous donc prêts à quitter cette référence de dépendance destructrice qu'est notre schéma bourreau-victime-sauveur pour reprendre notre liberté d'être ? Mais tout d'abord, qu'est-ce que véritablement ce schéma, bourreau-victime-sauveur ? Et, comment pouvons-nous l'identifier ?

Chapitre 3

Découverte du Bourreau-Victime-Sauveur

Qu'est-ce que le bourreau-victime-sauveur ? C'est un schéma humain construit sur la dépendance. Cette dépendance nous donne l'illusion destructrice de ne pas exister par soi et pour soi mais uniquement au travers d'autrui et du monde extérieur. C'est un emprisonnement permanent qui nous révèle notre propre non-existence ou survie quotidienne. Notre société véhicule ce message de rapport à l'autre quasi-systématique. On transforme ainsi et finit même par confondre « faire » et « être ». C'est l'image, par exemple, de notre justice « opprimés-oppresseurs et défenseurs », plus communément appelés « bourreaux-victimes et sauveurs ». On oppose en dualité : le bourreau à sa victime et la victime à son sauveur. Mais où sont réellement les bourreaux, victimes et sauveurs ? En chacun d'entre nous. Où pensons-nous pourtant les voir ? En l'autre, bien entendu, puisque nous établissons tous nos repères à partir des autres. Et c'est précisément ainsi que nous devenons prisonniers de ce « faire», lien indestructible avec autrui, au détriment de notre « être», connexion magique à soi.

Mais comment reconnaître, par exemple, un bourreau ? Chacun lui donne vie et surtout pouvoir, à sa façon. Il se nourrit de trop de larmes versées, de la douleur, de la souffrance, d'une sensation de survie, d'une privation de liberté. Voilà comment on pourrait le décrire sous l'angle de la victime. Mais qui est-il vraiment ? Chacun le verra à ses yeux. Un homme ou une femme qui trahit, un parent qui abandonne, une famille qui juge ou rejette, un patron qui humilie... Chacun de ces cas, vu sous le point de vue de la victime, sera forcément la vision d'un grand bourreau. Bourreau qui fera pleurer, sangloter la victime. Sa particularité est qu'en étant bourreau, il enferme sa victime dans son conditionnement de victime. Parmi les cas les plus marquants, nous relèverons ceux de ces victimes qui, maltraitées, humiliées, rabaissées n'osent pas quitter leur bourreau. Pourquoi ? Parce que la victime se sent liée malgré elle à ce lien destructeur, car en tant que victime, elle n'existe que si le bourreau subsiste. Le bourreau n'a pas des allures de « Jack l'Éventreur » ou de barbare assoiffé de sang. Il apparaît dès lors qu'un schéma autoritaire se met en place et prive l'autre d'être lui-même. Ainsi, il suffit d'être dominant à l'excès pour basculer dedans. Dès lors que l'on critique, rabaisse, juge, ou assoit son autorité, nous pouvons ouvrir cette porte du bourreau matérialisé. Il a un jour où l'autre pris forme en chacun d'entre nous. Certains adultes se défendent de ne pas être méchants, d'autres le revendiquent, d'autres encore cherchent à toujours être gentils. Dans les termes gentils et méchants, les fameux bourreaux victimes apparaissent. Vous remarquerez que bon nombre d'entre nous disent régulièrement : « Il est méchant », « Elle a l'air tellement gentille », ou encore « Merci c'est super gentil ! ». Eh oui, le schéma n'est pas loin. Et même bien plus proche encore qu'on peut le croire. Dans ce schéma, on se répond de manière dépendante.

La particularité du BVS est qu'il oblige le positionnement de l'un en fonction du positionnement de l'autre. Si une personne agit en bourreau, elle positionne automatiquement l'autre à devenir la victime. Et le sauveur dans tout ça ? Nous développons tous un côté sauveur dans notre volonté de toujours faire le bien. Être à l'écoute de l'autre avant même de s'écouter soi, le considérer avant même de se considérer dans sa propre personne. Le Sauveur est une sorte de « Wonder Woman », « Superman » ou héros des temps modernes. Il vole au secours de la victime pour l'aider, la sortir de sa situation pénible. Le Sauveur ne se définit que dans son besoin d'être là pour l'autre. Il vous dira systématiquement, « Moi mon bonheur, c'est que l'autre soit heureux ». Il donne une image de super-héros, auquel on veut ressembler. Il cherche à montrer son opposition avec le bourreau, qui lui, selon ses convictions, fait beaucoup de mal, tandis que lui Sauveur, ne cherche que le bien de l'autre. Nous avons tous cherché à prendre ce rôle, certains mêmes ne vivent qu'au travers de ce positionnement. Porter aide à sa voisine qui a du mal à se mouvoir parce que : « La pauvre, elle a besoin de nous ». Se rendre soi-même malade, pour trouver une solution, pour aider son enfant malheureux, ou encore ne pas partir en vacances parce que ceux qui devaient nous accompagner ne peuvent pas venir...

Mère Theresa, Sœur Emmanuelle, l'Abbé Pierre sont nos Sauveurs d'amour de référence. Moi-même j'ai une profonde admiration pour un tel amour, mais où est leur amour d'eux-mêmes ? Certes, ils ont beaucoup aidé solidairement un très grand nombre de personnes par leur amour, mais ne se sont-ils pas oubliés en ayant vécu une existence qui repose sur les autres ? Nous dirons tous que nous sommes admiratifs, respectueux de ce qu'ils ont fait, mais sommes-nous prêts pour autant à devenir comme eux, à renoncer à notre propre existence pour vivre à travers le bien fait aux autres ? Nous quittons le Sauveur dès lors que nous proposons à l'autre de voir le meilleur en lui et non en le sauvant de sa situation. Chaque chose a sa raison d'être. Chaque épreuve que nous nous faisons vivre est là pour nous aider à apprendre à en grandir et à finir par y découvrir la Vie et ses merveilleuses perspectives. Lorsque nous nous faisons vivre le pire, nous cherchons à nous dépasser, si quelqu'un nous sauve, nous restons enfermés dans notre rôle de victime au lieu d'en sortir grandis. Le but de vivre le pire est d'un jour comprendre que peut-être nous pouvons aussi recevoir et vivre le meilleur.

Où sont les sauveurs de nos jours ? En chacun de nous. En quoi ? « Chéri, tu ne devrais pas te laisser marcher sur les pieds comme ça par ton patron, il profite de toi ! ». On croit aider, mais on provoque tout l'inverse. On renvoie l'autre à s'enfermer dans cette image d'injustice et à ne plus voir en lui que cette image réductrice face à son patron. « Ton mari n'est pas très attentionné avec toi. Tu devrais plus t'affirmer ! ». Conseil ou projection directe dans le positionnement de victime ? L'exemple le plus pertinent de sauveur est celui dans les rapports de couple qui virent aux rapports « Maman-petit garçon » / « Papa-petite fille ». À travers ce schéma, le sauveur est omniprésent et devient une prison dès lors qu'il est perpétué à l'âge adulte. Maman/petit garçon et Papa/petite fille nous font développer une désappropriation de nos êtres respectifs. La femme devenue maman énergétique, est ainsi enfermée, sauveuse, bourreau déguisés dans un besoin d'être là, de tout faire pour son homme qu'elle infantilise. Ainsi, non seulement elle s'empêche d'évoluer en tant que femme libre d'être ce qu'elle est, mais pire encore, elle empêche son homme de trouver son juste équilibre dans sa liberté d'homme qu'il est fondamentalement. De nos jours, par les moyens de communication qui se sont développés, ce schéma a pris de l'ampleur. En effet, les téléphones portables, l'internet, les webcams sont autant de liens qui renforcent la dépendance ou la provoquent de plus en plus. Ainsi, de nos jours, par ces moyens, de nombreux excès apparaissent. Des femmes qui épient leurs hommes, ou vice versa d'ailleurs, car le schéma est aussi très courant. Une jeune femme, qui a manqué d'affection, ira combler ses carences en transformant son homme en papa. Non seulement la relation devient destructrice mais pire encore, chacun ne s'aime pas pour lui-même, mais par projection de son passé. Ainsi, cette jeune femme ira chercher l'affection manquée du père dans son passé à travers son homme, qu'elle ne considérera ainsi que dans ce rôle projeté. Ce dernier s'y substituera par amour pour elle, mais il finira par se lasser, se rendant compte qu'il n'est pas aimé pour lui, mais pour ce qu'elle projette sur lui. Combien de couples se disputent tout simplement parce qu'ils n'arrivent pas à se joindre par téléphone ? Cela renforce pour l'un la sensation de dépendance et pour l'autre le sentiment d'oppression. Le sauveur a besoin en permanence d'être relié à sa victime et si cette dernière ne joue pas le jeu alors on la transforme en bourreau, devenant à notre tour, victime devant son refus d'obtempérer. Ainsi, nous rentrons dans un schéma destructeur qui nous empêche d'être libres les uns par rapports aux autres et surtout d'être libres pour nous-mêmes. Le sauveur est, ce que nous pourrons donc appeler, un bourreau déguisé. En effet, puisqu'il oblige la victime à rester victime. Puisque c'est précisément ce qui lui permet de garder son positionnement de sauveur. On n'aime plus l'autre pour ce qu'il est, en le prenant comme il est, on cherche inlassablement à le faire devenir ce qu'on voit en lui. On rentre chaque jour un peu plus dans ce jeu qui détourne du « je » de notre être libre. Nos peurs se réveillent, prennent place à leur tour, et nous détournent de notre cœur, donc de ce que nous voulons réellement pour nous-mêmes, à l'origine. Ā la place de choisir pour nous, selon nos envies, nous donnons notre pouvoir de choisir, à l'autre. En projetant l'image du pire sur l'autre, nous lui donnons le pouvoir d'endosser la panoplie complète du grand méchant loup. Cela fait déjà tellement longtemps que nous fonctionnons sur ce schéma, que nous avons fini par ne plus croire qu'il puisse en exister un autre.

Nous évoluons en fonction de ce que nous avons vu autour de nous, depuis toujours. C'est dans cette croyance que nous avons construit notre chemin des possibles. Nous avons tellement donné de place à l'autre que nous ne savons plus qui nous sommes véritablement. On cherche à plaire, à ne pas décevoir l'autre, à ce que tout se passe bien avec l'autre. Ainsi, nous fonctionnons en réponse à nos peurs et non en écoute de notre cœur. Nous vivons en nous appuyant sur ce que nous avons peur de reproduire et non en écoutant ce que nous voulons de tout notre cœur pour nous-mêmes de meilleur. Écoutez les gens parler autour de vous. Ils ont peur de perdre leur travail vu la conjoncture, peur de rester seuls à vie, peur de perdre leur liberté dans l'engagement, peur d'être dans le rouge à la fin du mois... Omniprésence du schéma des peurs. Et où sont leurs envies, ce qu'ils aiment ? Ā l'intérieur d'eux-mêmes certes, mais ils s'en sont totalement écartés à force de rester paralysés par leurs peurs, qu'ils projettent sur l'extérieur. Toutes ces peurs sont en rapport à soi mais deviennent rapport aux autres. C'est ainsi qu'on va se rendre malade parce qu'on est convoqué par son patron... en devenant, sous l'emprise de cette peur, les victimes des bourreaux que nous irons projeter sur l'image du patron. Une peur d'être saisi et l'huissier n'est plus un métier, mais un ogre matérialisé.

Notre monde, aujourd'hui, repose sur notre peur des uns des autres qui nous enferme d'autant les uns avec les autres dans notre image du pire. Par exemple, « avoir peur d'être quitté par sa femme » déclenche une préparation énergétique à l'être. Nous allons alors adopter des réflexes, réactions qui vont nous conduire tout droit à notre perte. Est-ce, ce que nous voulons ? Non c'est uniquement ce dont nous avons peur. Et si nous disions ce que nous voulons, ça donnerait quoi ? « Je choisis de tout mon cœur de passer toute ma vie à côté de ma femme que j'aime » et là, changement catégorique, on propose à la personne en face de rester à nos côtés à vie. Le monde dans lequel nous vivons repose sur l'autre. Ce que l'autre pense. Ce que l'autre dit. Ce que l'autre veut. Qui est en fait, qui plus est, bien approximatif, car nous ne connaissons pas réellement l'autre, mais seulement ce que nous voulons voir en lui. L'autre n'est pas seulement ce que nous regardons en lui, mais en lui projetant une certaine image subjective c'est l'axe réducteur dans lequel nous l'enfermons par rapport à soi. Et c'est encore une fois, ce dont nous avons le plus peur, le plus redouté de l'autre par rapport à notre propre vécu qu'on projette à l'extérieur encore et toujours. On colle ainsi une certaine étiquette dans laquelle on condamne l'autre à rester.

Nous commençons dès notre enfance car nos vies reposent sur ce que nous appelons des karmas. De génération en génération, nous nous transmettons le même message : tu dois faire telle ou telle chose pour être aimé. De quelle façon ? Dans tous nos gestes anodins du quotidien. « Ma chérie si tu ranges bien tes jouets, je te ferai un gros câlin », « Si tu es sage, tu auras le droit de veiller plus tard avec nous mercredi soir », « T'aurais pu sortir la poubelle pour faire plaisir à maman », « On ne va jamais au cinéma », « Tu n'es jamais contente quoique je fasse »... La liste est longue. Quel est le thème récurrent ? Si tu m'aimes vraiment, tu le fais ou si tu ne le fais pas c'est que tu ne m'aimes pas... Ainsi, on ne demande plus à l'autre d'être ce qu'il est, mais de faire quelque chose pour avoir le droit d'être aimé. Ce message transmis nous vient de nos propres repères passés et on le perpétue sans même nous en rendre compte dans tout notre monde extérieur. Pourtant, « le faire, c'est le fer et c'est lourd ». Le « FAIRE » a pris place au cœur de nos relations dans tous les domaines de notre vie. On fonctionne tous selon ce schéma. Il suffit que pendant l'enfance, un jeune ait été traumatisé par ce devoir répétitif de « faire bien », pour qu'il s'enferme à vie dans ce cercle vicieux. Plus tard, dès lors qu'il sentira le poids de l'autre sur lui, il reprendra malgré lui, ces réflexes liés à ses peurs et il perdra systématiquement ses moyens, donc sa liberté d'être. La dualité bourreau-victime destructrice reprenant de plus belle. Ā la seconde où nous partons de l'autre et plus de nous-mêmes, nous désertons « L'ÊTRE » pour le « FAIRE », ouvrant la porte à un bourreau-victime destructeur. Alors, comment revenir sur l'être ? En se choisissant soi en toutes circonstances et en acceptant d'être soi dans tout ce que l'on aime sans laisser interférer l'autre systématiquement. Lorsque l'autre vient à soi, il est là pour nous apporter un plus à ce que nous sommes déjà. Une sorte de cerise sur le gâteau étincelante. Nous nous libérons ainsi progressivement des limites définies par nos croyances, reflet de ce que nous avons vu et vécu depuis toujours. On nous les a transmises parce qu'on croyait que ce serait le meilleur pour nous depuis toutes ces générations.

Mais si aujourd'hui, en écoutant notre cœur, nos envies, un autre chemin que celui du passé se dessine, oserons-nous le choisir ? Et avant tout, accepterons-nous de comprendre que ce BVS était en fait un schéma que nous avons nous-mêmes créé afin de nous protéger de l'amour ? Et qu'en fait, c'est la partie la plus lumineuse de notre être, puisqu'il témoigne de ce que nous pouvons créer, par amour pour soi.

En chacun de nous résident un bourreau, une victime et un sauveur. Sommes-nous prêts à accepter notre BVS et ne plus le projeter sur l'autre ? Sommes-nous en mesure d'aimer le bourreau, la victime et le sauveur en nous ? Par le passé, ils nous ont protégés et pourtant aujourd'hui, nous souhaitons nous en libérer, dans la mesure où ils ne nous correspondent plus. C'est en les aimant pour ce qu'ils nous ont apporté que nous pouvons nous en libérer. Nous sommes créateurs de tous les angles de notre destruction, de nos échecs, de nos épreuves. Pouvons-nous l'accepter ? Acceptons-nous aussi, d'aimer ces parts obscures de nous au même titre que toutes les autres parts de nous-mêmes ?

Enfin, et c'est toute la dimension de notre liberté, sommes-nous prêts à repartir de nous-mêmes intérieurement en tout et pour tout dans tous les domaines de notre vie pour reprendre notre propre pouvoir d'amour afin de recevoir le meilleur de la vie ?

Chapitre 4

Le difficile choix de s'aimer soi avant d'aimer l'autre

Pour être libre, nous devons nous réapproprier notre libre arbitre, donc notre liberté de choisir par nous-mêmes ou « nous-m'aime ». Libre arbitre signifie arbitre libre. Quel est le rôle de l'arbitre ? Faire la part des choses selon son avis, son point de vue, sa propre vision des choses.

La liberté nous en parlons tous, la cherchons tous en tout, mais nous la faisons partir systématiquement des autres. Être libre de... libre par rapport à... alors qu'il s'agit, en fait, de reprendre l'écoute de soi, de ses envies, de son cœur. Seulement, comment repartir de soi, alors que cela fait des milliers d'années, de génération en génération, que l'on se transmet ce même message universel : penser à l'autre avant de penser à soi ? Le passage du retour sur soi se fait à partir de notre cœur. Il se présente sous la forme d'un axe fondamental : « J'aime ce que je suis et je suis ce que j'aime ». Cela paraît philosophique ou théorique et pourtant, c'est toute notre essence profonde. Dans la prise de conscience et d'amour de notre être, il y a surtout nécessité à se choisir en tout et pour tout. Comment découvrir qui l'on est, lorsque l'on est émergé dans le « faire » du rapport à l'autre ? Et comment retrouver « l'être » propre au « je suis » pour retrouver l'amour de soi ? Il ne s'agit pas de s'exiler sur une île déserte ou de partir en retraite spirituelle en Inde. Bien que cela soit aussi possible, ce n'est pas, pour autant, nécessaire. Mais il s'agit de faire un retour sur soi en se réappropriant notre fameux « je ». La plupart du temps, on le remplace par le « nous », au pire, il devient le « tu » qui nous dénature et nous fait quitter notre propre identité. On devient ce que l'autre attend de nous. Ou plus exactement, ce que l'on pense que l'autre attend de nous. L'autre devient ainsi, celui que l'on rend responsable de nos propres limites, dans notre liberté d'entreprendre.

Le « je » si précieux de notre être, devient le « jeu » avec l'autre. Ce qui signifie que nous ne sommes plus nous-mêmes et en même temps que nous ne sommes pas l'autre non plus, puisque nous ne pouvons pas devenir l'autre à part entière. On rentre ainsi dans un « jeu » destructeur où nous quittons notre propre place. C'est ainsi que nous nous détournons de notre propre vie, en nous la limitant, soi-disant, « à cause » de l'autre. En effet, l'autre se connaît dans sa globalité, mais nous, le connaissons-nous si bien que ça ? Ne voyons-nous pas en lui ce que nous voulons y voir subjectivement ? Mieux encore, ne sommes-nous pas en train de le priver de sa liberté en l'empêchant d'être ce qu'il veut être, en l'emprisonnant dans l'image que nous nous faisons de lui ? Et voilà la première avancée. Quel est notre intérêt de nous occuper de l'autre, alors qu'il ne représente que l'image qu'on se fait de lui, qui plus est, s'avère souvent fataliste, instable et destructrice ?

Autant partir de soi et expérimenter tout ce qu'on peut se faire vivre de meilleur à soi, non ? Alors, commençons notre exploration de soi.

Beaucoup de personnes s'agacent parce que l'autre ne leur donne pas leur place. Et s'il suffisait de la prendre ? Pas en s'imposant à l'autre, mais juste en se posant pour soi. On délimite l'espace de tout ce qui nous caractérise par le « je », pas à partir de ce que nous faisons pour l'autre pour lui plaire, lui faire plaisir ou être aimé par lui. Mais, bien à partir de ce qui nous définit réellement en tant qu'être. « Je » présente toute la personnalité propre à l'être dans sa différence, sa particularité et son identité uniques. Ainsi, dire « je » revient à « être » au sens d'exister par soi dans sa précieuse différence propre. « Je suis », offre d'exister dans sa propre identité. C'est un nouveau chemin qui nécessite de se mettre en considération de ce que nous appelons sa bulle personnelle. Un vrai recentrage qui ramène à qui l'on est véritablement. Il ne s'agit donc pas d'aller « squatter » dans les bulles autour, ni « d'être aux aguets », de ce que notre recentrage peut provoquer dehors comme réactions, dans les bulles voisines. Prendre sa place, c'est être donc, avant tout, à l'écoute de soi.

Ā partir du « je suis », se dessine le « j'aime » qui va l'élargir, en rajoutant un élément de l'univers : une personne, une passion, un animal, un végétal, un minéral... C'est notre corps physique qui nous donne notre place. Notamment, nos yeux positionnés devant sont faits pour regarder devant et non derrière.

Chaque part de nous est à sa juste place, à nous d'en être à l'écoute. Se mettre à l'écoute de soi et faire abstraction totale des autres est la clef. De quelle façon ? En s'écoutant spontanément de l'intérieur. C'est ce que l'on appelle le recentrage. Comment ? Par sa voix intérieure. Il s'agit de s'écouter soi sans tenir compte des autres, de ce qu'ils disent ou font afin, avant tout, d'être fidèle à soi. Si notre gorge est à l'intérieur de nous, c'est aussi parce qu'elle ne concerne que nous. Cette communication est avant tout intérieure, pour nous aider à être à l'écoute de nos propres envies. Plus explicitement, lorsque nous parlons à quelqu'un, nous communiquons de cœur à cœur (intérieurement). En quelque sorte, la voix est la voie que l'on choisit de prendre pour soi. Lorsqu'on en parle à voix haute, c'est une sorte de détecteur de vérité, personnel, bien plus qu'un message pour l'autre. Voilà pourquoi certaines fois, l'autre ne retient rien ou carrément, n'écoute pas. Car les paroles étaient liées à une peur et non au cœur. Et comme seules les paroles du cœur sont entendues, les autres paroles ne font que nous renvoyer à notre propre doute sur la véracité de notre fidélité personnelle. C'est aussi pour cela que certaines personnes ont des difficultés de langage ou doivent répéter plusieurs fois la même chose parce qu'elles sont sous l'emprise de leurs peurs (ce que l'autre va dire, penser, avoir comme réactions) et non dans l'expression libre de leur cœur. Notre voix est le chemin que nous choisissons de prendre pour nous-mêmes.

Ā l'intérieur, elle apaise, aide à repartir de soi et à se laisser recevoir le meilleur de la vie. Ainsi, on s'écoute beaucoup plus, on crée cette fidélité à soi, qui ouvre tout le chemin des possibles. C'est une sorte de GPS programmé qui mène dans la direction voulue pour soi. Les amis qui nous renvoient soi-disant à nos peurs ne font que nous aider à finir de valider notre voie choisie. Notre gorge, par notre voix, renferme la trace indélébile de notre libre arbitre, ce qui nous indique donc que nous avons deux chemins possiblcs pour dćfinir lc « jc » dc notrc ĉtrc. Mais qu'cst-cc que « je »? Que savons-nous de lui ? Il est placé avant le « tu » lorsque nous le conjuguons. Le « je » se définit à la fois à partir de nos croyances et de notre voix intérieure. Nos croyances sont les limites sur lesquelles nous faisons reposer notre vie. Ce que nous croyons est donc, ce à quoi nous avons accès. Ce que nous ne croyons pas, nous le boycottons inexorablement. On ne laisse accès qu'à tout ce que nous croyons possible. Plus notre croyance est grande, plus notre horizon concret est large et flirte avec nos rêves.

Nos rêves sont les chemins qui mènent à notre réalité. Croire en nos rêves, c'est leur donner une réalité concrète. La particularité est que nous ne croyons que ce que nous avons vu, car le reste ne nous paraît pas accessible, donc impossible. Mais dans « impossible », il y a « possible ». Pour que cela devienne possible, il faut connecter l'amour de soi et ainsi élargir nos croyances. Nos rêves ne sont pas notre inaccessible étoile dans le ciel, ils se concrétisent par le « j'aime » dans notre cœur. Puisqu'en fait, l'étoile est bien cachée, en notre cœur. Ā nous de repasser par elle, pour transformer le rêve en réalité. Le mot « aime », si on inverse les deux premières lettres, écrit « iame », le « je suis » anglais n'est pas loin. S'aimer entièrement, c'est élargir ses croyances pour redéfinir ce que l'on souhaite aujourd'hui, après avoir aimé et accepté tout ce que nous sommes devenus, grâce à hier. En acceptant hier, nous pouvons nous appuyer dessus, comme un tremplin, pour recevoir au présent, un demain bien différent. Nos croyances sont l'ensemble des choses que nous avons vécues qui font notre référence du chemin du possible. Mais souhaitons-nous qu'elles continuent à nous limiter ainsi ? Oui mais uniquement si elles nous protègent de quelque chose que nous craignons plus encore. En effet, pourquoi croire à quelque chose qui nous fait du mal et nous limite ? Faites le point et remarquez que vos rêves ont un dénominateur commun : ils vous rendent heureux alors que vos croyances, elles, vous rendent malheureux parce qu'elles vous limitent un jour ou l'autre. Quelques exemples : « Parce que je n'ai jamais obtenu de travail sur du long terme depuis des années, je crois que ne peux pas avoir de CDI. Cependant, cette croyance me fait-elle du bien ? » Pas vraiment. Autre exemple : « Je crois que ma conjointe ne se posera jamais avec moi en vie commune. Mais cela me rend-il heureux ? » Non pas du tout. Ou encore : « Je crois que je ne serai jamais à l'abri du besoin, financièrement et matériellement ». Cela me plaît, je suis épanoui de cette croyance ? Pas le moins du monde. Et pourtant, en gardant cette croyance, trace indélébile du passé, je ne me propose que de répéter le même chemin. Donc pour en sortir, je peux partir du « j'aime » de ce que j'aime de ma propre situation et non de ce que je redoute. Si « j'aime », alors je vais croire ce qui me fait du bien pour moi et non ce que mon passé m'a donné comme limites par mes croyances. Et ainsi par ma voix intérieure, je vais programmer mon GPS pour une direction qui me rend heureux et me comble. Le GPS de la situation, c'est la flèche qu'on tire dans le cœur pour donner une direction précise dans le sens de ce que l'on aime. Ainsi, pour nos exemples précédents, cela donne : « J'aime croire que je vais obtenir mon CDI parce que c'est ce qui me rend heureux » ou « J'aime croire que ma conjointe va s'installer à mes côtés en vie commune parce que c'est ce qui me rend heureux » ou encore « J'aime croire à mon abondance financière parce que c'est ce qui me rend heureux ». Et voilà comment nous nous réapproprions notre libre arbitre, en choisissant ce que nous aimons et non en subissant un fatalisme. Deux chemins existent. Bien sûr que nous pouvons continuer à nous reposer sur nos croyances. Mais nous pouvons aussi choisir de considérer la situation que nous aimerions vivre. Ces deux choix s'offrent à nous. C'est notre liberté de choisir l'un ou l'autre des chemins, car les deux sont possibles. C'est toute l'importance du libre arbitre qui présente cette merveilleuse liberté d'avoir le choix à chaque instant de notre existence de se laisser recevoir le meilleur ou le pire de l'extérieur. Sachant que si l'on se laisse recevoir le meilleur de soi, on ne peut que recevoir le meilleur de l'autre. En choisissant de ne pas croire ce que nous avons toujours vécu et en décidant par amour de soi de vivre ce qui nous rend heureux, ce que l'on aime pour soi, on ouvre un autre chemin que celui déjà vécu avec fatalité. C'est une gymnastique les premières fois d'observer les deux chemins possibles puis de se demander ce que l'on aime réellement pour soi, puis cela devient très naturel puisque c'est notre essence d'origine de fonctionner ainsi. Nous croyons que l'autre et le passé nous limitent le champ des possibles parce que nous n'y regardons que le pire, alors que le meilleur s'offre depuis toujours à nous.

Le passé nous limite à notre croyance, par rapport à ce que nous avons déjà expérimenté, si on ne le relie pas à notre cœur et à ce que l'on aime ou a aimé, hier. Tout ce que nous avons vécu est digne d'être aimé, car cela nous a permis d'être ce que nous sommes aujourd'hui. L'autre, dans ce que nous nous représentons de lui, nous limite dans ce qui nous paraît possible pour demain parce que c'est ce que nous voulons lire en lui. Ainsi, nous nous détachons totalement de nous, au point de nous limiter, violemment et systématiquement, en rendant l'autre responsable de notre croyance restreinte. Une fois reparti de soi, le GPS programmé selon notre direction aimée, nous pouvons laisser l'autre librement prendre sa place, pour nous offrir le meilleur. En effet, une fois notre place définie dans la liberté de notre cœur, l'autre peut se poser à son tour dans sa propre liberté de cœur. Le « je » reste maître à bord, pour que nous puissions aller jusqu'à la direction souhaitée, en fidélité totale, avec soi. Le « nous » doit être un renforcement du « je », ce que nous appelons un plus à soi, une sorte de cerise sur le gâteau, un axe sublimatoire de soi. Il est là pour transcender ce « je suis-j'aime » qui est notre base du tout est possible. Ainsi 1+1= 3, en ce que chacun garde sa propre liberté, l'union des deux renforce l'identité propre à soi, en sublimant chacun dans cette alliance. En nous proposant à nous-mêmes de regarder le meilleur en l'autre, nous lui proposerons de lire en nous, le meilleur de nous-mêmes. Ainsi, nous devenons sublimatoires, l'un de l'autre.

C'est ainsi qu'en appui de la différence de soi, tel un trésor, que chacun s'en trouve sublimé. Mais qui est réellement l'autre dans tout ça ? Est-il véritablement ce que nous voulons voir en lui ? Nous rend-il heureux ou malheureux ? Est-il vraiment celui qui nous empêche de croire en mieux, de nous rendre plus heureux, comme nous nous évertuons à le penser et même à le dire ? Est-il le véritable responsable du tout et n'importe quoi de ce qui nous arrive, dont nous l'accusons systématiquement ? Ou n'est-il pas au contraire notre plus belle chance de recevoir le meilleur de la vie, le meilleur de nous-mêmes ?

Chapitre 5

De l'autre côté du miroir

L'amour de soi mène à l'amour de l'autre, car ces deux amours n'en font en fait qu'un. « Ce que j'aime en l'autre, c'est moi ». Difficile dans les premiers temps à accepter et digérer. Pourquoi ? On ne vit que pour l'autre depuis toujours. L'autre est notre base, nos repères, là où tout commence et tout finit pour soi et ce, depuis la nuit des temps. Lorsque nous le voyons s'éloigner, nous rejeter ou disparaître, nous perdons pied au point parfois de nous effondrer littéralement et violemment. Comment un seul instant pouvoir imaginer, qu'il soit en fait, celui qui nous renvoie avec amour la part de nous que nous n'acceptons pas et qui pourtant nous empêche d'avancer dans notre existence ? Cela signifierait que nous sommes responsables de nos propres limites et qu'en fait l'autre n'est là que pour nous l'indiquer afin de nous aider à en sortir. Pouvons-nous l'admettre ? Grosse remise en question certes, mais quelle avancée pour soi et quel changement dans le rapport à l'autre. Cela fait des générations entières que nous ne voyons que le pire de nous-mêmes donc que nous ne proposons finalement que le pire à l'autre. Et que se passerait-il si nous choisissions le meilleur pour soi ? L'autre nous le renverrait de la même façon, dans ce même schéma-miroir.

« Si tu juges, c'est que tu ne supportes pas le miroir devant toi, agité ». En clair, tout ce que je ne supporte pas chez l'autre ne sont que des parts de moi que je ne veux pas accepter. Elles sont donc présentes chez moi, même si je les lis chez l'autre. Je veux tellement les lire en l'autre, qu'elles finissent par m'être renvoyées. Pourquoi ? Car l'autre n'est qu'une projection de moi-même. L'autre est l'autre côté du miroir, la part vraie qui me montre en indicateur vérité, ce que je me propose de vivre actuellement. Mais je me refuse à l'admettre. C'est tellement mieux de le reprocher à l'autre. Lorsque l'on décide de changer quelque chose dans sa vie, par exemple une activité professionnelle, on ne fait que renvoyer à l'autre le pouvoir que l'on donne à la situation, de se concrétiser ou non. Ainsi, l'autre ne fait donc que nous renvoyer ce que nous sommes, en miroir. Si l'on doute, c'est la part de soi qu'on va renvoyer à l'autre, sans vouloir se l'avouer. Nous pouvons donner le pouvoir à l'autre d'être un briseur de rêves. Ou enfin reconnaître qu'on se boycotte soi-même avec nos doutes et nos peurs, ce que finalement l'autre ne finit donc que par nous renvoyer. Ainsi, celui que l'on trouve trop gros et rejette pour sa différence de poids n'est pas rejeté pour son poids, mais parce qu'il nous rappelle un moment où nous avons été nous-mêmes écartés dans le passé par notre propre différence. Nous préférons lire la différence en l'autre comme pour mieux l'écarter de soi. Différence de taille, de poids, de couleurs, de cultures, d'accessoires physiques (appareils dentaires, lunettes...), de religion, de sexualité. On ne supporte pas l'image qui nous est renvoyée, elle nous gêne alors on marque l'autre de cette différence pour nous éloigner de notre écho douloureux. Pourquoi ? Afin de nous écarter de cette ancienne image de soi qui nous est insupportable. Ainsi, en la projetant à l'extérieur avec insistance, nous avons la sensation de l'éloigner de soi, de l'occulter. Alors que nous venons en réagissant ainsi, que de la cacher sous le tapis, d'où elle ressortira tôt ou tard sous une autre forme jusqu'à ce que nous l'acceptions comme notre, à part entière. Pourtant, si l'autre nous la renvoyait, c'est pour que nous apprenions à accepter et aimer cette part en nous, afin qu'elle ne nous empêche plus d'avancer. Notre différence est notre plus grand trésor. C'est le « je » de notre identité, propre et merveilleuse. Alors que nous nous évertuons, depuis des générations entières, à nous fondre dans la masse, et à marquer à l'extérieur toutes formes de différences, pour ressembler au maximum à l'autre. Ces différences que nous regardons à l'extérieur sont précieuses pour enrichir notre intérieur et reprendre notre vraie vie, celle qui nous a été offerte comme un cadeau à notre naissance. Plus nous sommes nous-mêmes, dans tout l'amour de notre différence et plus nous vivrons la vie que l'on aime. On attire à soi ce que l'on est. En choisissant de s'identifier et accepter pleinement ce que nous sommes avec amour, nous rentrons dans un rapport entier à soi. Nous quittons ainsi définitivement le « faire » propre à l'autre pour devenir « l'être » propre à soi. C'est ce que nous appelons « l'effet miroir ».

Quelle est la particularité d'un miroir ? Renvoyer sa propre image avec vérité absolue. Sommes-nous donc prêts à accepter que, ce que nous regardons chez l'autre, n'est en fait que ce que nous nous proposons à nous-mêmes de vivre ? Que ce que nous lisons, écoutons, regardons, projetons, goûtons, sentons, touchons et ressentons n'est en fait qu'une part de nous-mêmes ? Lorsque nous regardons le ciel bleu, c'est notre propre vision du ciel bleu et non la vision universelle de chacun. Nous y lirons ainsi, pour les uns, de la quiétude et la promesse de lendemains meilleurs et pour d'autres, la possibilité d'un orage ou le vent qui risque de se lever. C'est exactement pareil pour l'autre, ce que nous regardons en lui n'est pas lui, mais la part de lui, sur laquelle nous nous sommes focalisés et donc dans laquelle nous l'avons projeté. En jugeant l'autre, non seulement, on le prive de sa liberté, le condamnant à être ce que nous lisons en lui, mais en plus, on se ré-enferme soi-même dans un rapport de rejet de soi, une deuxième fois. Celui que nous jugeons est, quelque part, celui que nous avons été autrefois et en le jugeant, nous nous ré-enfermons dans notre propre passé. Quand nous n'acceptons pas une part de nous-mêmes, nous nous condamnons à la revivre inlassablement. Et le jour où nous l'aimons pour ce qu'elle nous a apporté, en ce, qu'elle fait ce que nous sommes, alors nous pouvons nous en libérer. Ce que nous avons été, tout ce que nous avons vécu fait partie de ce que nous sommes aujourd'hui. Donc, en rejetant cette part chez l'autre, on se rejette soi-même et on se condamne à s'enfermer. Nous sommes donc nos propres bourreaux en jugeant. Ce que nous lisons en l'autre est ce que nous nous proposons de recevoir de lui. Si nous y voyons le pire, alors c'est aussi ce que nous recevrons de lui. L'autre nous montre la part de nous que nous n'avons jamais acceptée, afin qu'en la considérant, on s'en délivre pour vivre autre chose. Si nous acceptons que cette part est bien nôtre et qu'elle nous reflète un moment douloureux, déjà vécu. En prenant conscience qu'elle est obsolète, nous pouvons alors choisir librement de nous appuyer sur cette dernière pour en vivre une nouvelle, inédite.

L'empreinte du passé est là pour nous permettre de nous laisser recevoir bien mieux. Ainsi, pour nos exemples, j'accepte qu'à une époque, j'ai effectivement vécu ce mal être d'être rejeté par l'autre dans ma différence. Donc, il est légitime que l'autre me renvoie cette part de moi. Et en acceptant qu'elle soit mienne, je m'en libère et me propose de vivre une situation bien plus agréable. Ainsi, libéré de cette part de moi acceptée, lorsque je regarderai l'autre, ce sera une autre part de moi que je verrai en lui. Et voilà comment l'autre devient notre cerise sur le gâteau, celui qui, non seulement nous sublime, mais surtout nous ouvre un autre chemin. Pas de « grand méchant loup », tyran à ses heures. Éventuellement le bourreau en nous, qui nous a empêchés, jusque-là de voir autre chose que du négatif, dans notre vie. Plus j'aime, plus je regarde le beau en moi et je le projette naturellement sur l'autre à l'extérieur de moi. Ainsi, nous nous proposons à la fois de nous aimer, mais aussi d'aimer l'autre comme un merveilleux plus à notre propre vie. Il nous suffit en appui de notre propre amour, de nous offrir de recevoir le meilleur d'autrui en toute circonstance.

Nous offrons le meilleur de nous-mêmes et recevons ainsi le meilleur de l'autre en schéma-miroir spontané. Qui est donc notre banquier ? Le bourreau, qui nous donne la sensation de vivre des sueurs froides pour nos finances ou la part de nous, qui ne croit pas en l'abondance financière parce qu'elle ne l'a jamais vécue ? On m'informe que ma situation bancaire est critique. Ma réaction ? J'accuse mon employeur de ne pas assez me payer ? Je traite les banques de voleuses ? Je remets en question le gouvernement qui ne fait rien ? Ou j'observe le miroir devant moi ?

Repartons du départ. Quel est le message extérieur ? Ta situation financière est critique. L'ai-je déjà vue autrement, l'ai-je déjà imaginée autrement ? Lui ai-je déjà proposé de m'offrir le meilleur ? Me suis-je déjà demandé comment elle serait si elle me rendait heureux ? Non jamais. Si je ne crois pas à une amélioration possible, comment pourrais-je la recevoir ? Une phrase spirituelle dit : « Aide-toi et le ciel t'aidera ».

Comment je m'aide ? Est-ce que je continue, comme depuis plus de trente ans à me lamenter sur mon sort financier, ou est-ce que je choisis d'aller chercher l'éclaircie dans le ciel ? Plus exactement « Est-ce que je regarde le verre rempli de moitié, comme moitié vide ou moitié plein » ? J'ai le choix et chaque part de ce verre m'apportera de toute façon quelque chose, mais quelle partie vais-je regarder ? Plus exactement, les deux sont possibles mais quelle est celle qui va me rendre heureux ? Réappropriation du libre arbitre après le choix d'avoir accepté que ce que l'autre me montre n'est qu'une part possible de moi-même et par conséquent le seul chemin que je me propose pour l'instant. Mais n'existe-t-il pas un autre qui m'ouvre le chemin de tous les possibles ? Est-ce que cette situation me convient ? Si oui, je lâche prise, je me la laisse recevoir et cela arrivera tout seul jusqu'à moi. Sinon, je dessine mes premiers pas vers l'acceptation, l'amour de la part de moi concernée. Ce que je reproche à l'autre n'est que ce que je me propose à moi-même. Différentes options : je lui en mets plein la tête pour me faire croire que ça vient de lui ? Je le fais passer pour tout ce qui me passe par la tête ? Ou bien je me remets en question ? Le banquier est un homme qui a choisi de travailler dans un milieu financier. Voulons-nous le voir comme notre pire ennemi, notre bourreau et ainsi projeter sur lui toute la cause de nos malheurs et lui donner le pouvoir de nous détruire ? Oui c'est possible, dans ce cas, il prendra directement la place dans laquelle nous l'aurons projeté et là les ennuis ne feront que commencer. Mais nous pouvons aussi choisir de recevoir le meilleur de lui, parce que nous nous aimons et nous voulons le meilleur pour nous-mêmes, et là, nous nous proposons de ce fait, du jour au lendemain, qu'il puisse être là pour nous aider à trouver des solutions en choisissant de recevoir le meilleur de lui.

C'est simple ce positionnement de miroir. « Tout ce qui est à l'extérieur de nous n'est que notre projection faite à partir de nous-mêmes ». Dans un cas, nous proposons au banquier de devenir le responsable, bourreau en chef, de nos angoisses financières. Dans l'autre cas, nous lui proposons d'être celui qui nous aide à trouver des solutions et celui qui nous aide à retrouver une stabilité sereine pécuniaire. Encore faut-il accepter le reflet du miroir dans toute sa dimension pleine et entière. Tout ce que je peux vivre autour de moi est une projection de la situation actuelle que je me propose pour l'instant de vivre. Quelle est-elle ? J'allume la télévision, la scène m'indique ce que je porte dans mes énergies et donc ce vers quoi je me dirige actuellement. Je réagis de quelle façon ? Je rejette et je change de chaîne ? Ou j'accepte que c'est une part de moi et que c'est juste, qu'on me la montre, car elle existe bel et bien en moi. Je l'accepte donc pour ce qu'elle a pu m'apporter jusqu'à ce jour et comme elle ne me correspond plus, je choisis d'en vivre une autre qui me correspond bien davantage. Nous aurons appelé cela coïncidence pendant des milliers d'années alors que ce n'est que notre effet miroir.

Je ne propose pas à mon extérieur d'être autre chose que ce que je suis moi-même de l'intérieur et voilà pourquoi des personnes revivent sans cesse les mêmes catastrophes avec des personnes différentes. Dénominateur commun : elles-mêmes.

Nous passons notre vie à vouloir changer l'autre alors qu'il ne s'agit en fait que de se changer soi. Ou bien plus exactement au lieu de changer, de se donner la chance d'être soi et de s'aimer tel que l'on est, pour proposer ainsi à l'autre en miroir la même chose. Mais nous nous le sommes toujours interdits, comme s'il fallait continuer à nous proposer aux uns et aux autres le pire, en oubliant au fil du temps qu'on pouvait pourtant nous offrir le meilleur. Dans notre vie quotidienne, nous développons cette surenchère de voir le mal en toute chose dans un fatalisme passé ou dans notre volonté de fuir hier. Par exemple, un homme qui n'a eu des femmes qu'une image douloureuse, sans affect et destructrice ne peut pas se proposer de vivre autre chose que ce qu'il a déjà vécu. C'est sa croyance et elle le limite à cette dimension réductrice et destructrice.

Dans l'univers entier, à travers sa vision des femmes, il ne lira toujours que cet angle. Car c'est celui qu'il porte en lui telle une croyance absolue. Il se dira alors qu'il est maudit d'être toujours ainsi traité par les femmes et finira par le vivre comme une fatalité. Alors que s'il écoute le message donné par l'extérieur, il entend : « La femme que tu vois devant toi est celle que tu te proposes, car c'est le repère sur lequel tu as établi tes croyances ». La première image de la femme étant bien souvent la mère ou la grand-mère. Faut-il les blâmer ? Non, mais accepter qu'elles sont le modèle sur lequel il a établi sa propre vérité et qu'il s'est construit à partir d'elles. Et que, comme aujourd'hui, il se rend compte que ça le rend malheureux et que ça ne lui correspond plus, il peut s'offrir la liberté de se laisser recevoir ce qu'il aime de la femme et non ce qu'il a déjà vécu par le passé. C'est un premier pas pour s'offrir de vivre une autre relation que celles connues. Le miroir lui exprime qu'il rencontre ce même type de relation avec les femmes parce qu'il ne se propose pas un axe différent. La mère n'est que ce qu'il en a regardé, l'image lue en elle, subjectivement, pas forcément la réalité de l'enfance. Seulement comme c'est sa croyance, c'est le souvenir dans lequel il s'est enfermé et il le revit inexorablement. Il ne va pas renier son chemin avec sa propre mère, mais s'offrir la liberté de recevoir ce qui le rend heureux aujourd'hui. Si cet homme continue à rendre responsables les femmes, face à lui, il continuera à en vouloir aux femmes passées et restera dans ce même cheminement destructeur. Alors que s'il accepte de voir ce qu'il aime, il pourra choisir en écoutant son cœur de vivre quelque chose qui le rendra bien plus heureux que cette référence douloureuse subjective de l'enfance. D'autant plus que la vérité de ce qu'il y a vu n'appartient qu'à lui et pas forcément à ce que sa propre mère a voulu lui transmettre.

D'un point de vue physique, il en est de même. Est-ce que je continue à détester mon image dans le miroir et à envier toutes les jolies silhouettes autour de moi, ou est-ce que j'apprends à accepter que tout ce que j'admire à l'extérieur de moi ne sont que des parts de moi qui ne demandent qu'à prendre leur place en moi ? Le schéma-miroir est bien entendu sublimatoire. Ainsi, si je regarde tout ce que j'aime à l'extérieur, je me propose de le recevoir aussi. La chance que l'autre a, si elle se présente devant moi, est là pour m'indiquer qu'elle existe aussi en moi. C'est donc à moi de me la laisser recevoir. Si j'aime tout ce que je suis, je m'offre la liberté de devenir au contact de l'autre, encore meilleur. L'autre devient ainsi celui qui me permet d'accéder au mieux-être. En apprenant à voir et écouter le meilleur de l'autre, je me propose de vivre le meilleur.

Nous commençons ainsi par apprendre à nous aimer, dans tout ce que nous sommes, pour nous offrir la liberté d'être, pour demain, meilleurs encore. Nous sommes tant ce que nous admirons à l'extérieur de soi que tout ce que nous détestons. Combien de fois avons-nous admiré un exploit sportif, un physique élégant, un joli sourire ou encore un impressionnant charisme. Eh bien, bonne nouvelle, ils sont quelque part en nous et il nous suffit de les accepter, pour les faire ressortir de notre propre personnalité, jusqu'à les recevoir simultanément.« Chaque chose a sa raison d'être ». Tout ce que nous vivons a un sens profond, quoique nous vivions. Mais pour le réaliser, nous devons accepter tout ce que nous sommes dans notre vérité profonde. Lorsque vous vous mettez devant votre miroir, si vous voulez y voir une vie que vous aimez, alors devenez vous-même cette vie, afin ensuite de l'observer dans le miroir se dessiner progressivement face à vous.

La vie ne part pas des autres, mais de soi. Si vous êtes ce que vous aimez, alors vous le recevrez tout simplement de la vie. En nous existent de merveilleux trésors qui ne demandent qu'à être découverts et dévoilés. Comment y accéder ? Par notre cœur, en permettant à notre âme de se relier à notre corps. Mais que sont réellement l'Âme et le Corps ? Et comment pouvons-nous de façon consciente accéder à l'un et à l'autre ? Partons sans plus attendre à l'exploration à la fois de notre Âme, axe éternel de notre être appelé Yin et de notre Corps, facteur présent de notre être, appelé Yang et de leurs magnifiques perspectives offertes, lorsqu'ils se rencontrent et se subliment.

Chapitre 6

L'Âme et le Corps

L'âme et le corps, pourquoi tout d'abord les différencier l'un de l'autre ? Dans la culture orientale, ils sont indissociables l'un de l'autre, alors qu'en occident, nous avons pris l'habitude de les présenter comme une dualité. C'est d'ailleurs ce qui a donné vie à notre schéma destructeur de dépendance : notre fameux bourreau-victime-sauveur. Dans le mot « âme », nous renfermons tout et n'importe quoi, à la fois. Nous parlons d'état d'âme, notamment pour nommer nos changements d'humeur. Nous parlons aussi de vendre son âme au Diable, expression qui est utilisée à tort et à travers, sans signification profonde et voudrait dire : « troquer sa vie ». D'une autre façon, vous entendrez dire d'un chanteur, qu'il chante « avec son âme », pour exprimer qu'il y met du cœur, ou encore que deux personnes sont des « âmes sœurs » ou encore que les yeux sont « le reflet de l'âme ».

Mais alors qu'est-ce que l'âme ? Une part de notre être qui ne se voit pas. Elle renferme tout ce que nous sommes, dans notre identité propre. Tout notre vécu, notre mémoire vive de tous les moments passés heureux et malheureux. C'est une sorte de bibliothèque géante où sont renfermés tous les livres de notre passé, de cette vie et des vies antérieures. La particularité de notre âme est qu'elle est éternelle, ce qui signifie que nous changeons de corps dans chacune de nos vies, mais que notre âme, elle, traverse le temps. Elle enregistre notre passé d'une vie sur l'autre et ainsi la bibliothèque s'agrandit de vies en vies. La réincarnation, je n'avais pas d'avis réel parce que je ne m'en étais jamais préoccupée, mais à force d'évidence dans tout ce que j'ai pu apprendre, c'est ma croyance profonde aujourd'hui et en prenant du recul, cela explique beaucoup d'événements dans notre monde actuel. Mais nous y reviendrons un peu plus tard.

Partons, tout d'abord, explorer la dimension fascinante de notre âme. L'âme est située dans notre tête de la pointe de nos cheveux à la fin de notre cou. Elle est notre partie la plus mystérieuse de nous-mêmes et renferme ce que nous appelons : nos parts d'ombre et de lumière. Plus exhaustivement, l'intégralité de notre passé. Elle est la profondeur de notre être. Avons-nous connexion avec elle ? Oui, à chaque instant de notre vie, puisqu'elle est tout ce par quoi nous sommes passés, pour être ce que nous sommes aujourd'hui. Beaucoup de personnes la fuient, car elles n'aiment pas ce qu'elle renferme. Elle les définit pourtant elles-mêmes dans leur profondeur. Et surtout, merveilleux indicateurs des chemins déjà empruntés, elle leur permet de leur offrir la liberté de ne pas reproduire les chemins passés. En effet, ayant conscience qu'on reprend le même chemin passé qui nous a conduits à notre perte, nous avons la possibilité de choisir un autre chemin pour vivre une situation bien plus fructueuse. C'est ainsi qu'en appui d'hier, nous pouvons vivre un présent bien différent. Ne pas considérer l'importance de l'âme revient à ne pas tenir compte de l'importance de ce que nous avons déjà traversé, donc notre âme est notre identité, donc définit ce que nous sommes véritablement. Les personnes qui fuient leur âme peuvent s'échapper au bout du monde, elles ne la distanceront jamais, puisqu'elle fait partie intégrante d'elles-mêmes. Dans leur fuite, elles cherchent à dessiner un nouveau chemin pour échapper au fatalisme. Ā contrario, d'autres personnes sont enfermées dans leur âme et ne vivent qu'à travers elle, prisonnières de leur passé. Notre passé fait ce que nous sommes, certes, mais rester enfermé dedans signifie le revivre inlassablement, sans s'ouvrir à d'autres perspectives. Être enfermé dans l'âme consiste à ressasser son passé et vouloir sans cesse en parler et s'identifier uniquement au travers de ce dernier. La particularité d'être prisonnier de son âme est de tomber dans un positionnement où nous endossons violemment le rôle de victime. Pourquoi ? Car la fatalité nous transforme en

« Caliméro » avec une coquille qui s'enfonce de plus en plus sur notre tête. Et plus nous nous enfermons dedans, plus ce rôle prend des axes profondément destructeurs. Nous ne voyons pas de portes autres que celles déjà empruntées, et nous sommes de plus en plus fatalistes en ayant la sensation de ne pas avoir d'autre choix que de revivre les mêmes situations passées. Nous voulons tellement les fuir que nous nous enfermons dedans chaque jour davantage. Nous voyons les autres comme des bourreaux qui nous privent progressivement de tout. Nous ne cessons de raconter ce que nous avons vécu et n'envisageons demain, sans le savoir, qu'en reproduisant hier. L'autre devient un miroir que l'on voit destructeur puisqu'il nous renvoie la prison dans laquelle nous nous sommes nous-mêmes enfermés. Alors, comment considérer l'âme dans sa juste et précieuse valeur sans pour autant s'y enfermer ? En la regardant avec amour, comme notre cadeau du ciel. Notre âme est née de l'amour du ciel, nous trouvons notre pleine identité dans notre amour du ciel et de Dieu, qui nous aide à nous aimer, tels que nous sommes.

Nous sommes nés de l'amour unitaire du Ciel et de la Terre. Et nous avons ensuite choisi dans cette union d'amour, en appui de notre amour du ciel, de nous poser là où nous sommes nés. Afin de vivre exactement tout ce que nous avons vécu, pour un jour découvrir notre amour véritable de nous-mêmes et nous laisser enfin recevoir le meilleur de la Vie. Puis, à travers notre corps, par l'incarnation de l'âme dans le corps, nous offrir de recevoir le meilleur de l'autre. Notre corps est lui, notre cadeau de la Terre, pour nous permettre en retour de notre propre amour, de nous laisser recevoir l'amour de l'autre. C'est par notre incarnation, c'est-à-dire, en mettant notre âme dans notre corps que nous sommes en vie. Mais qu'est-ce que notre corps exactement ? La partie physique de notre être. Notre part visible. L'enveloppe d'amour qui nous porte de tout son amour dans notre accomplissement. C'est en quelque sorte, notre chance donnée par la Terre, d'ouvrir un autre chemin que celui vécu hier.

Lors de l'incarnation, l'âme s'enracine dans le corps afin que le passé se dépose dans le présent, pour ouvrir le futur. Encore faut-il s'aimer et s'offrir le meilleur de soi pour recevoir le meilleur des autres ! Physiquement, les personnes qui vivent enfermées dans l'âme, rejetant leur corps, ont la particularité d'avoir des physiques très minces, d'être assez petites, parfois mêmes chétives. Pourquoi ? Elles mangent leurs émotions dans lesquelles elles sont enfermées en permanence. En ressassant le passé et la peur de le reproduire quotidiennement, elles n'ont plus faim… rassasiées par leurs émotions mangées à profusion toute la journée, qui leur coupent l'appétit. La nourriture étant un axe qui nous invite en mangeant à mettre de l'amour en nous, à nous remplir d'amour dans notre corps pour nous appuyer sur lui afin de réaliser tous nos rêves concrètement.

Manger est accueillir la vie en offrant ainsi de l'amour à notre corps. Les personnes enfermées dans l'âme se refusent à exister au présent dans leur corps et ne vivent qu'à travers leur passé. La sensation de lourdeurs de leur vécu est tellement intolérable qu'elles fuient le présent par peur d'être confrontées aux mêmes schémas passés. C'est ainsi qu'elles refusent leur incarnation. Elles n'ont jamais pensé que « le hier » de l'âme, est justement là pour permettre au présent du corps de pouvoir leur proposer mieux, différemment et autrement.

Elles ne sont pas en vie, « terrestrement » parlant, donc prennent très peu de place sur la terre.

Ā l'inverse, les personnes qui vivent dans leur corps, rejetant leur âme, sont bien plus imposantes et prennent une importante place dans le terrestre. Elles ne mangent aucune émotion puisqu'elles les rejettent ne se souciant que du présent, s'évertuant au mieux de leur capacité à rejeter le passé, en cherchant à le fuir. Ainsi, en ne mangeant aucune émotion, elles ont un plus important besoin de combler le vide émotionnel par la nourriture. Ou parfois par tous types de remplissage en s'éparpillant dans tous les sens pour tenter de combler ce vide émotionnel en elles. Si nous nous évertuons à être que dans le corps principalement, nous nous faisons vivre un présent éphémère, sans goût, ni saveur.

Le corps représente notre présent. Présent ? Un cadeau donc ? Bien sûr, puisqu'il nous permet de nous accomplir en nous offrant de vivre mieux en nous appuyant sur hier. Il nous ouvre la porte à une autre vie que celle vécue précédemment. Il est notre enveloppe physique qui nous mène à notre pleine réalisation. Notre corps devient ce que nous voulons de lui. Si nous avons besoin de nous protéger de notre passé, notre corps devient un bouclier armé et prend des proportions pour ainsi nous protéger. Lorsque nous nous incarnons dans le ventre de notre mère durant neuf mois, nous positionnons naturellement notre âme dans notre corps avec amour, nous ouvrant la vie. Donc ce choix de nous incarner dans un corps physique est bien notre volonté première, depuis notre origine. Et non de planer à vingt-mille, déconnectés de toute réalité terrestre. Bien sûr, que ce soit les uns ou les autres, personne ne le fait consciemment lorsqu'il déconnecte son âme de son corps, et pourtant c'est très courant et bon nombre d'entre nous ne sont pas incarnés. C'est ce que nous appelons la dualité : opposer son âme à son corps, en cherchant à ce que l'un prenne l'ascendant sur l'autre.

Quand nous refusons de considérer l'un ou l'autre, nous renions naturellement la vie et l'amour qui en émanent. Alors qu'en les reliant, nous nous ouvrons les perspectives merveilleuses que nous offre la vie. Notre cœur, né de cette union âme-corps, porte en lui l'amour du Ciel et de la Terre, qui ne sont autre que l'amour de soi qui mène à l'amour de l'autre. Le Ciel, à travers notre âme dans notre cœur, nous ouvre la vérité de l'amour de soi. Et la Terre, à travers notre corps dans notre cœur, nous ouvre la justesse de l'amour de l'autre que nous nous laissons recevoir. Or, dans notre dualité, nous opposons l'âme (yin) et le corps (yang) et ainsi ces deux amours, et nous privons de les recevoir tant de l'un que de l'autre. En privilégiant l'un à l'autre, dans cette opposition, nous nous éloignons finalement du trésor que chacun d'eux renferme. Volonté humaine de toujours vouloir un méchant et un gentil, soit un plus fort et un moins fort.

Heureusement, pour établir un équilibre, nous avons notre incarnation, ce juste équilibre où l'on positionne l'intégralité de son âme dans la globalité de son corps ouvrant dans son cœur : la Vie. Depuis la naissance jusqu'à l'âge de quatre ans, nous étions conscients et réceptifs de ces deux amours sublimatoires qui renferment en nous la Vie. C'est ce que nous appelons l'enfant intérieur, cet enfant en nous que nous avons oublié et qui pourtant détient les clefs du chemin de tous les possibles dans cette alliance merveilleuse d'amour. Car si nous ne sommes qu'amour, nous ne pouvons que recevoir de l'amour.

En chacun d'entre nous, hommes et femmes résident une part masculine et une part féminine. Notre âme, marque indélébile de notre passé, est la part féminine. Et notre corps, merveille du présent, est notre part masculine. Notre sexe étant déterminé par notre enfant intérieur selon que nous sommes passés par l'amour de la terre puis du ciel, en ce qui concerne les bébés garçons. Ou l'inverse pour les bébés filles. En chaque être résident donc une part féminine et une part masculine.

Jusqu'à quatre ans, nous sommes dans l'innocence pure et profonde de notre être, rien ne nous atteint, tout ne fait que nous émerveiller. Nous ne sommes qu'amour et ne recevons bien entendu, que de l'amour, tout autour de nous. Après, nous nous constituons notre part féminine et notre part masculine aux travers des femmes et hommes qui nous entourent. Et peu à peu, nous nous éloignons de ce que nous étions, dans notre pureté originelle d'enfant intérieur. Nous constituons notre identité corps, partie masculine de notre être au travers de tous les êtres masculins qui nous entourent. Et de la même façon, l'identité de notre âme, partic féminine de notre être, nous nous la créons au travers de toutes les femmes qui nous entourent.

Ainsi, la jeune fille qui a une maman très fragile et un papa sévère, développera un corps beaucoup plus fort que son âme. Elle sera, sans le vouloir, plus masculine, donc développera un corps plus fort pour cacher son âme plus fragile. Elle sera combative et en survie perpétuelle. Elle s'évertuera sans cesse à cacher ses émotions, émotions qu'elle ne voudra pas laisser passer deviendront un manque qu'elle cherchera à combler par de la nourriture ou par une recherche perpétuelle d'un bien-être autour d'elle, s'éparpillant dans tous les sens. Ainsi, physiquement, en développant un corps puissant que l'on voit, elle aura le sentiment inconscient de protéger son âme plus fragile. Mais elle n'aimera pas pour autant son corps, dans lequel elle a porté, projeté une volonté protectrice, défensive. Ā l'inverse, un jeune homme qui a eu un père absent et distant et une mère possessive, développera une part féminine prédominante. Ainsi, par reflet du schéma masculin insécuritaire, son physique sera probablement plus mince et fragile. De plus, il aura grand mal à se détacher de sa connexion profonde et douloureuse à son passé.

Comment ces deux personnes pourront-elles sortir de ce passé identitaire ? En repartant d'elles-mêmes. Le fameux « je » de l'incarnation avant tout, qui, par sa dimension d'amour retrouvé, offre un « nous » qui ne peut être qu'un plus merveilleux. Et non ce « nous » dans lequel nous nous sommes enfermés depuis des années et dans lequel nous avons constitué notre identité au travers de celle des autres. Comment parvenir au « je » du tout est possible ? Redémarrer de soi, s'écouter dans ce que l'on aime pour recréer sa propre féminité d'âme et sa propre masculinité de corps. Reprenons nos deux exemples : en recréant leur propre identité masculine-féminine à partir de ce qu'elles aiment, elles vont fissurer progressivement jusqu'à anéantir leur carapace et défensive, calquer sur les autres et devenir ce qu'elles sont véritablement dans toute leur dimension d'amour.

Parfois la destruction humaine est très violente dans cette désappropriation de soi. Et nous cherchons à nous évader de notre réalité trop dure à porter par tous les moyens existants. L'appel de différentes formes d'évasion se fait ainsi sentir. Parfois, à tel point que celles-ci déclenchent des dépendances, des besoins dévastateurs, lorsqu'on considère ces différentes formes d'évasion dans toujours plus d'excès au quotidien. Que ce soit l'alcool, les médicaments, les stupéfiants, les excès en matière de sexualité, l'humain rentre dans sa propre destruction, à force de chercher une éphémère liberté, qu'il n'arrive pas à trouver dans son corps. L'humain est prisonnier d'un présent (corps) dont il voudrait sortir parce qu'être prisonnier de son corps signifie vivre l'instant éphémère, sans aucune attache, ni sensation. Par ce quotidien plein d'ennuis, car sans émotion et vide d'intensité, il va chercher des sensations fortes, toujours plus intenses. Il a beau s'évertuer à toujours aller plus loin dans l'excès, ça n'est jamais assez, car ça s'éteint à la seconde où cela s'est écoulé, ne le laissant vivre aucune émotion réellement durable et significative. Car le corps seul ne lui propose toujours que de la nouveauté mais finalement jamais aucune profondeur. Car hier est comme effacé, le corps ayant pris tout le poids sur l'âme. C'est en se connectant à l'âme (passé) dans notre cœur (futur) à partir de notre corps (présent), que l'on trouve cette profondeur et cette intensité qui rendent l'instant éternel. C'est ainsi qu'on se connecte à la vraie vie : passé, présent et futur. Nous ouvrons ainsi un nouveau chemin qui nous offre la vie loin des limites restrictives de notre vie subjective. C'est l'âme dans le corps, donc l'incarnation, qui ouvre le cœur de la vie et permet de nous offrir un demain meilleur.

L'incarnation évoque la couleur de peau. Bien sûr puisqu'il s'agit d'y mettre notre différence, notre propre couleur. Nous allons, de cette façon, vivre intensément dans cette connexion cœur, corps et âme, toute la profondeur de chaque instant en pouvant nous y attacher, le garder et même le revivre éternellement. Les excès du corps, quels qu'ils soient, ne satisferont jamais, car ils sont éphémères et sans aucune intensité. Dans la sexualité, de nos jours, des besoins de libertinage sont apparus, de sexualité toujours plus poussée parce que l'humain cherche plus de sensations pour enfin ressentir quelque chose qui le touche, le fasse vibrer. C'est lorsque l'on met son corps en avant que ce besoin de sensations fortes en tout genre se fait le plus ressentir. En effet, pour protéger l'âme, le corps est mis en avant. C'est souvent au tout début par volonté de fuir hier (âme) que l'on cherche à avoir un présent intense. Sauf qu'à force, on se lasse et on cherche toujours plus à vibrer, car le corps seul ne délivre aucune vraie sensation et ne propose que de l'éphémère. Ainsi, on pousse toujours plus loin la mise en avant du corps, tant pour se protéger dans l'âme que pour ne pas se laisser toucher dans le cœur, afin de rester à distance de sa profondeur personnelle. Dans le corps, on s'exhibe, on se cherche dans toujours plus d'excès, repoussant les limites jusqu'à dévoiler tout de son corps.

Tout ça pour ne jamais se laisser toucher dans le cœur. On met son corps en bouclier pour les uns ou « punching ball» pour les autres. Mais la vérité est qu'on ne ressent quelque chose intensément que parce qu'on se laisse toucher en profondeur de tout son cœur (âme et corps unis). Et là, le plus anodin des baisers peut provoquer un bonheur sans précédent. De la même façon, les drogues douces prises occasionnellement, peuvent connecter l'âme (passé) au corps (présent) et ouvrir un autre chemin pour demain. Les effets sont lents, doux et non violents donc la réalité devient juste regardée sous un autre angle, ce qui ouvre une autre perspective que celles connues. Mais si certains humains y trouvent une simple échappatoire, pour se familiariser à leur âme-corps (passé-présent qui ouvre le futur), d'autres prennent des axes excessifs extrêmement destructeurs. Les plantes sont médicinales, en respectant une certaine posologie et un mode précis de prise.

Dès lors qu'il y a excès, il y a opposition âme-corps. Les drogues dures mettent dans des états qui font quitter le corps pour atterrir directement dans l'âme, donc aucune connexion avec le cœur et on atterrit direct dans la dimension qu'on fuit depuis toujours. On fait un saut présent vers le passé, donc non seulement la montée est violente, car elle nous replonge sans cœur dans hier, mais encore en plus, la descente replonge encore plus violemment dans le corps et donc, dans un présent totalement insupportable. C'est un peu comme si vous sautiez d'un avion sans ouvrir votre parachute : c'est extrêmement violent. L'âme plonge dans le passé et le corps dans le présent. Ce n'est que l'interaction merveilleuse des deux qui permet d'ouvrir une autre porte en soi, celle de cet autre chemin qu'est la vie. Loin de l'étroite perspective de notre vie subjective où l'on ne s'offre que, soit de revivre hier, soit de vivre un présent éphémère et sans saveur. Rester emprisonné dans le présent (corps) sans la connexion avec le cœur (âme et corps reliés), revient à faire du surplace en s'épuisant toujours davantage pour avoir à un moment une sensation d'être en vie, pour vraiment ressentir quelque chose. Être en vie c'est être connecté à son cœur, donc à son âme dans son corps.

Au-delà de la recherche d'une sensation d'être en vie, la plupart des dépendances alcool, drogues ou excès en tout genre, sont le schéma reflet d'une personne copiée autour de soi dans le passé. Ainsi, une femme va fumer plus de deux paquets de cigarettes par jour, non par plaisir, mais pour se sentir un instant reliée à son père qui, quand elle était petite, ne lui montrait des signes d'affection que lorsque lui-même fumait. De la même façon, un jeune garçon n'ayant pas eu de démonstration d'affection de sa mère, boira de l'alcool en excès parce qu'il a vu sa mère boire ainsi toute sa vie et que c'est sa façon à lui de se relier à elle. D'une autre façon signifiante encore, une femme sous calmants peut aller jusqu'à reprendre les stigmates physiques en paralysant une partie de son propre corps, parce qu'elle souhaite ainsi s'identifier à la souffrance de sa mère avant qu'elle ne disparaisse. Ainsi, en se paralysant à son tour, elle tente de continuer à faire vivre sa mère à travers elle. Elle l'a fait ainsi exister à travers sa propre souffrance, stigmatisée. Nous pouvons aller très loin dans cette destruction alors que nous avons un tout autre chemin qui nous est pourtant offert. Cette destruction est la désappropriation de soi au profit de l'autre.

L'amour de soi est l'amour de l'âme et l'amour de l'autre est l'amour du corps. Ce qui veut dire que cette destruction vient que l'on aime plus soi que l'autre ou vice versa. Alors que l'équilibre est de s'aimer soi comme un tout, pour pouvoir aimer tout autant l'autre et ainsi nous offrir de recevoir le meilleur de lui-même. C'est la dimension pure du cadeau de notre naissance qui nous ouvre de merveilleuses perspectives de mieux-être. Pourtant, on donne à l'autre beaucoup plus de place qu'on s'en donne à soi ou parfois pire encore, on ne s'aime pas, alors comment pouvoir aimer l'autre ? Sachant qu'aimer signifie : recevoir l'amour de l'autre. L'incarnation du « je » est la promesse d'une vie heureuse et équilibrée, ainsi, notre corps est lui-même physiquement équilibré en appui de toute la valeur du trésor de notre âme. Notre corps est l'habit qui nous ouvre la possibilité de se connecter et de tout recevoir du monde extérieur. En prendre soin revient à s'offrir la meilleure des entrées dans notre monde dans notre rapport à l'autre. L'amour que l'on porte à notre corps nous est rendu au centuple par le monde extérieur.

L'âme seule nous replonge inlassablement dans le passé. Ainsi, nous nous condamnons à revivre hier éternellement. Le corps seul nous emprisonne dans le présent nous condamnant à l'éphémère, la superficialité, n'étant ainsi qu'une enveloppe, sans contenu, qui erre sans passé ni futur. L'âme et le corps unis et sublimatoires ouvrent notre cœur, comme l'alliance d'amour du Ciel et de la Terre. C'est le cadeau de notre incarnation : une merveilleuse unité d'amour. Cette unité d'amour, donc ce 1, rend tout possible : le 1-possible, l'1-connu, l'1-conscient et le 1-croyable. Ils cassent ainsi toute forme de dualité en soi pour nous ouvrir la liberté de vivre, dans l'amour unitaire de soi et des autres, naturellement et librement entre passé, présent et futur éternellement. Cette merveilleuse unité d'amour que nous nommons « incarnation », porte aussi le nom « d'enfant intérieur ». C'est l'enfant, né de l'amour du Ciel et de la Terre, en chacun de nous, qui porte l'amour de l'univers. C'est notre cœur qui s'ouvre à la vie.

Chapitre 7

L'enfant intérieur, quand le cœur s'ouvre

Lorsque notre âme se positionne dans notre corps, nous ouvrons notre cœur et dévoilons notre enfant intérieur. Chaque enfant, en chacun de nous, porte sa propre et merveilleuse différence. C'est notre trésor le plus précieux. C'est ce qui nous permet de nous sublimer les uns, les autres. Car personne n'a vécu le même passé. C'est toute la richesse de notre âme qui est ainsi libérée par le corps. Elle peut ainsi prendre place dans tout l'horizon. Et l'unité d'amour peut se laisser recevoir de nouveaux chemins. C'est l'enfant intérieur qui les ouvre, dans toute son intensité d'amour. Ainsi, cet enfant en nous nous apprend à ouvrir notre cœur à une autre dimension d'amour. Le mot « aimer » apparaît joyeusement et prend toute sa place. Nous découvrons que « l'amour est tout, en tout et, pour tout », le fameux « Omnia Vincit Amor » en latin qui signifie, l'amour triomphe de tout.

L'univers entier nous offre un tout autre spectacle. L'univers n'a pas changé, mais nous lui portons un regard bien différent, empreint d'amour, qui nous donne d'infinis chemins de bonheur. L'univers nous offre le pire et le meilleur. Notre enfant intérieur, immaculé d'amour, lui, nous permet de nous laisser revoir le meilleur. Revoir ? Bien sûr puisque nous le portons en nous, depuis l'origine, dans notre essence profonde. Seulement, dès l'âge de quatre ans, nous nous en sommes distancés, pour nous imprégner davantage du monde extérieur. Notamment, nous l'observons bien chez les enfants avec leurs amis imaginaires. Mais nous préférons ne pas le voir et y lisons simplement le monde de l'enfant, en oubliant ainsi la familiarité en nous qu'ils nous rappellent. Les enfants, dans la petite enfance, voient cette dimension d'amour visible uniquement par le cœur. Ils regardent et écoutent avec le cœur. Ils nous racontent les merveilles de leur monde. L'enfant intérieur s'exprime dans toute sa splendeur et magie. Parfois, les adultes ressentent l'enfant intérieur en eux et partagent un dessin, une marelle, un jeu avec un enfant. Mais très vite, ils se distancent de cette magie de douceur en eux, se laissant rattraper par leurs obligations d'adultes.

Les artistes sont les vrais enfants intérieurs, à qui l'on porte encore un peu d'attention. Ils expriment tout l'amour de cet enfant intérieur en eux, à travers leurs œuvres. Si nous savons les regarder, les écouter et nous les laisser recevoir de tout notre cœur, l'enfant intérieur en nous réagit et s'éveille. C'est pour cela que les tableaux, les symphonies ou chansons nous donnent cette indéfinissable force d'aller mieux. L'art est l'œuvre de l'enfant intérieur qui s'exprime dans tout son pur amour. C'est pourquoi, comme une trace indélébile éternelle de notre temps, de son empreinte universelle, il défiera le temps et ne s'éteindra jamais. L'œuvre d'amour portera à travers le temps et les âges, tous ceux qui choisiront d'y lire toute la dimension de cet amour. L'amour, à travers ses œuvres, porte la Vie. L'amour est la Vie en toute chose et en tout être. Les œuvres, quelques expressions de l'art soient-elles, connectent à l'amour et à la vie, loin des limites restrictives du schéma fataliste, de notre vie.

Nous avons oublié cet enfant pour la vraie raison que ce dernier nous rappelle la différence que nous portons en chacun en nous.

Cette différence nous est depuis toujours insupportable puisqu'elle représente, pour nous, l'anéantissement de toute forme de dépendance à l'autre. Or, nous respirons dépendance tellement nous avons toujours besoin que quelqu'un ait besoin de nous. L'enfant intérieur anéantit à tout jamais cette dépendance et nous permet de réaliser que nous sommes libres d'être ce que nous sommes pour nous-mêmes et que l'autre n'est qu'un merveilleux plus à notre vie, et non l'élément moteur, sans lequel toute notre vie s'écroule.

Cet enfant intérieur nous reconnecte à nos rêves et à croire en l'amour en soi qui permet leur accomplissement. L'enfant en nous, nous apprend à regarder tout cet amour en nous et à l'écouter à l'extérieur de nous. Enfin, cet enfant intérieur nous rappelle que nous avons le choix par amour, pour nous-mêmes, de porter notre regard sur le meilleur pour soi et ainsi nous libérer du pire de ce que nous avons vécu et qui ne nous correspond plus, pour être chaque jour plus heureux.

Cet enfant intérieur est la vie, en chacun de nous, loin des limites de notre survie, qui n'est que le regard subjectif que nous avons posé sur la vie. L'enfant en nous porte l'amour du ciel et l'amour de la terre. Ces deux amours sont sublimatoires. L'amour du ciel est l'amour de Dieu. Il exprime tout cet amour que nous portons en nous-mêmes depuis toujours. Dieu est l'Amour, c'est-à-dire, le meilleur en toute chose et en tout être. Redécouvrir l'amour de Dieu en soi signifie voir le meilleur en soi. Certains diront Dieu, d'autres l'Amour, d'autres encore l'Univers. Peu importe, chacun son langage et sa réceptivité. Quoi qu'il en soit, le meilleur est en chacun de nous. C'est de cette façon que nous avons mis en dualité Dieu et le Diable. Le Diable est donc le pire de nous-mêmes. Mais le Diable, en chacun de nous, nous aide à devenir meilleurs aussi. Puisqu'à force de nous faire vivre le pire, on laisse une place de plus en plus significative au meilleur. Le Diable en nous est le regard sans amour que nous posons sur nous-mêmes. Regard chargé de peurs, de doutes, d'angoisses, de contraintes.

Mais ce regard nous a aussi aidés à devenir ce que nous sommes aujourd'hui. Si ce que nous regardons aujourd'hui ne nous correspond plus, nous pouvons choisir de nous laisser voir bien meilleur en nous-mêmes, puis en l'autre. En effet, nous portons en nous le pire et le meilleur et c'est notre premier libre arbitre de regarder dans une direction ou dans une autre. Cette liberté que nous ouvre notre enfant intérieur nous permet de découvrir le Diable sublimatoire de Dieu et vice versa. Le pire en nous peut nous offrir de délivrer le meilleur de nous et vice versa. C'est dans l'obscurité que l'on trouve le plus de Lumière.

Dieu est l'Amour de Tout, en Tout et pour Tout. En nous aimant, nous lui donnons vie à travers nous. En nous refusant l'Amour de soi, nous donnons place au Diable. L'un sublime l'autre puisqu'il faut repasser par chaque part de nous-mêmes que nous n'aimons pas, donc par le Diable pour donner vie à Dieu en soi. Dieu existe en chacun de nous, et à travers ceux que nous aimons. Il nous aide à tout aimer, pour enfin pouvoir nous libérer de tout ce qui ne nous correspond plus.

C'est la clef de la Liberté de l'Amour. Ainsi, en s'aimant soi-même, Dieu prend vie en nous et nous aide à devenir meilleurs. « Soi-même » devenant merveilleusement : « Soi m'aime ». En reconsidérant ce que nous n'aimons pas, donc la part de Diable en nous, nous nous améliorons, en donnant un peu plus place et vie à cet amour de Dieu, en nous. Nous sommes libres de nous-mêmes : se laisser recevoir le meilleur ou le pire de soi. Pour l'instant, il ne s'agit que de soi. Nous avons oublié de fonctionner ainsi, donnant systématiquement à l'extérieur la responsabilité de notre propre regard. Nous concentrant bien davantage sur le monde extérieur que sur nous-mêmes. Notre enfant intérieur nous rappelle que si nous savons choisir le meilleur en nous, notre regard fera apparaître cette même dimension à l'extérieur de nous, jusqu'à l'attirer jusqu'à nous. Encore une fois, on attire à soi ce que l'on est. Choisir d'être le meilleur pour soi et se laisser recevoir ce qui nous rend plus heureux signifie reprendre conscience de tout cet amour en soi pour soi. Alors, que choisissons-nous, être le pire ou le meilleur de nous-mêmes ?

Comment reprendre conscience de cet amour de Dieu en nous, c'est-à-dire, revenir à l'origine de cette unité d'amour d'enfant intérieur ? L'enfant intérieur est né de tout l'amour en soi, soit l'amour de Dieu en soi, déposé dans l'enveloppe d'amour sur terre, qu'est notre corps. Recevoir l'amour de Dieu ou le meilleur de soi signifie se reconnecter à toute la dimension d'amour qui existe au-delà des limites de nos propres croyances. Cet enfant intérieur est l'amour de la vie de tout, en tout et pour tout. Cet enfant intérieur porte la vie, l'amour et la liberté. C'est notre clef pour accéder à la Vie. Notre vie se limite à ce que nous croyons possible, voyons comme possible et déterminons comme liberté d'être possible. Nous plaçons rapidement la dimension de l'impossible et cc, toujours par rapport à notre regard sur notre vie. L'enfant intérieur est l'unité d'amour du 1, qui rend tout possible. Le 1, du tout est possible de tout, en tout et pour tout. Ainsi, nous ne regardons plus avec les yeux, mais avec le cœur. En choisissant pour soi-même le meilleur, le plus, le mieux et en nous libérant de ce qui ne nous correspond plus, nous découvrons une autre vision de notre monde. C'est toujours le même monde, mais notre regard ne nous fait plus voir les mêmes choses. On attire à soi ce que l'on est. Nous sommes passés du « je suis » à « je suis ce que j'aime » et le « j'aime » nous ouvre une toute autre porte, celle de la Vie. Notre regard ne se posait que sur ce que nos yeux avaient toujours vu, notre cerveau toujours cru et notre gorge exprimé, comme seule voie ou voix possible. Et ce, uniquement parce que nous ne nous étions jamais proposés le meilleur à nous-mêmes. Nous avons cent fois lu en l'autre le pire et le meilleur. Mais, nous étions-nous jusque-là proposés le meilleur à nous-mêmes ? Il suffit de croire en ce que l'on aime ou croire Dieu en soi. Puis peu à peu, nous commençons à voir ce que l'on aime ou voir Dieu en soi. Puis de libérer Dieu en soi ou ouvrir notre libre arbitre de choisir ce que l'on aime pour soi. Dieu en chacun de nous s'exprime différemment. Il nous aide à exprimer le meilleur de nous-mêmes, dans toute la dimension de notre différence propre.

La différence, en chacun de nous, est un trésor qui, une fois sublimée, devient la Lumière de la Vie en soi, que l'on peut vivre, partager, lire en l'autre et recevoir de l'autre. Chacun porte sa propre différence, donc en nous laissant chacun recevoir notre différence, nous pouvons ouvrir plus encore de vie. En choisissant de recevoir la différence de l'autre de tout notre Amour, nous proposons à l'autre, en schéma-miroir d'en faire de même. Dieu est en chacun de nous mais s'exprime différemment en chacun en fonction de sa différence, c'est la toute la richesse de notre humanité. Dieu, en latin, depuis sa naissance terrestre, incarnation de Jésus-Christ s'exprime « AD ». AD veut ainsi dire, le plus. Dieu est donc le plus en chacun de nous, celui qui nous améliore. Lorsqu'il est libéré en soi, à travers tout l'amour que nous nous portons, il nous ouvre la vie. Les mots, leurs symboles, leur double sens et significations nous ouvrent deux chemins, deux versions différentes. Nous pouvons ainsi lire le meilleur ou le pire : « abandon », tourné vers l'autre ouvre une faille douloureuse alors que « s'abandonner » qui part de soi, ouvre un trésor de bonheur, lorsqu'on s'abandonne à l'amour. Donner ou se donner ? Les maux ou les mots ? Les faits ou les fées ? L'amour est tout autour de nous, depuis toujours, en ce sens qu'il est en nous depuis toujours. Mais notre regard doit porter l'empreinte de notre cœur pour y lire toute cette immensité d'amour.

La Terre, de tout son amour, nous a également, en axe sublimatoire fait cadeau de notre corps. Lorsque l'enfant intérieur ouvre la Vie, notre corps devient l'enveloppe d'amour originel, qui nous offre l'amour sur Terre. Ainsi, nous déposons dans notre enveloppe d'amour terrestre, toute l'immensité de notre amour de Dieu, ou tout le meilleur de l'amour de soi. La Terre est le présent merveilleux qui nous offre grâce à notre corps, la possibilité de recevoir la merveilleuse différence de l'autre, pour sublimer notre propre différence. Notre corps nous permet de recevoir encore plus d'amour que nous en portions déjà dans le meilleur de nous-mêmes. Dans « recevoir », il y a « se revoir » et dans « je reçois », il y a « je re soi » soit « je redeviens moi ». Il s'agit de se rappeler qu'en appui de tout le meilleur de l'amour en soi, nous pouvons recevoir tout l'amour de l'autre. L'autre ne peut nous proposer que ce que nous nous offrons à nous-mêmes. Ainsi, nous proposer de recevoir le meilleur de nous-mêmes et le déposer dans notre corps nous offre la chance que l'autre, en schéma-miroir, s'y ajoute, comme une dimension sublimatoire. L'unité d'amour déposée en notre corps est une telle puissance d'amour que l'autre va être attiré irrémédiablement. Ces deux dimensions extraordinaires d'amour sublimé l'une par l'autre ouvrent le cœur de l'enfant intérieur. L'enfant en nous se rappelle et se laisse recevoir tout l'amour, conscient de n'être qu'amour. Le cœur s'ouvre de plus en plus. Le corps devient donc la chance de vivre le meilleur.

L'autre se transforme en cadeau sublimatoire de chaque instant.

L'Amour est. L'instant est éternité. Plus de remords sur hier, ni de préoccupations pour demain.

Le présent prend toute la dimension du cadeau qu'il représente. L'enfant vit librement, voit, écoute et reçoit silencieusement l'amour en lui et tout autour de lui. L'autre n'existe plus comme une dépendance, un rapport de force ou une dualité. Le passé n'est plus synonyme de fatalisme. Le futur, depuis notre cœur, s'écrit dans les dix doigts de nos deux mains ou « demain ». Dans la première main, les cinq doigts ouvrent « LIBRE » ou la libération de l'Amour en soi, c'est-à-dire, le libre arbitre et les cinq doigts de la main droite, eux, dévoilent « VIVRE » ou vivre l'Amour en soi. Ainsi, libre d'hier et vivant aujourd'hui sereinement l'instant présent dévoile toute son éternité et ouvre le futur avec le cœur. C'est le sens de la Vie, comme la flèche tirée de gauche à droite dans le cœur. L'enfant intérieur récupère son souffle de Vie et peut ainsi vivre joyeusement l'instant présent. L'être révélé s'améliore chaque jour, devient chaque jour meilleur tant pour lui-même que pour l'autre. La joie de vivre de l'enfant intérieur prend tout son sens. Les six sens se révèlent dans toute leur perspective d'amour. Ainsi, en goûtant l'Amour de Dieu en soi, soit le meilleur de soi, on vit l'Amour de Dieu sur Terre, soit le meilleur de soi sur Terre. En regardant l'Amour de Dieu en soi, on écoute l'Amour de Dieu sur Terre. Et en libérant l'Amour de Dieu en soi, on ressent la pureté de l'Amour de Dieu sur Terre. C'est notre merveilleux bonheur aux couleurs de notre propre différence humaine.

La Terre, depuis le 21 décembre 2012, nous aide à nous reconnecter à notre enfant intérieur, donc à notre cœur. Nos sept chakras sont nos portes invisibles de Lumière pour y parvenir. Tous les éléments d'Amour sur Terre nous aident à alimenter nos chakras. Les âmes végétales dont on profite par la beauté de leurs couleurs naturelles et que l'on mange, alimentent nos chakras. Les chakras ont, en effet, des couleurs, tout comme les végétaux. En partant du haut vers le bas : Sahasrara correspond au blanc et or, Ajna au violet, Vishuddha au bleu, Anahata au rose et vert, Manipura au jaune, Swadhisthana à l'orange et enfin Muladhara au rouge, marron et noir. Toutes ces couleurs qui entrent en nous alimentent ces portes d'amour pour révéler un peu plus notre enfant intérieur. Les âmes minérales, elles, nous offrent de rééquilibrer nos chakras, également en fonction de leurs couleurs et de leur alliance de couleurs. Ainsi, Sahasrara (chakra coronal) fonctionne en connexion de cœur (Anahata) avec Mulhadara (chakra racine) : c'est notre équilibre Ciel-Terre qui donne vie à nos rêves. Ajna (chakra troisième œil) fonctionne avec Swadhistana (chakra sacré), toujours avec Anahata, pour nous aider à découvrir notre propre bien-être et réaliser physiquement notre mieux être. Anahata (chakra cœur) est relié aux six portes, auxquelles il offre toute l'immensité d'amour de Dieu, en toute chose et en tout être. Le rose d'Anahata ouvre l'Amour de Dieu en soi, soit le meilleur de soi et le vert d'Anahata ouvre l'Amour de Dieu en l'autre, soit le meilleur de l'autre. Enfin, Vishuddha (chakra gorge) fonctionne avec Manipura (chakra plexus solaire), pour émotionnellement, libérer l'Amour de Dieu en soi, pour le recevoir de l'autre à l'extérieur de soi.

Les âmes animales nous accompagnent dans notre reconnexion à notre enfant intérieur, en nous libérant de notre mal être, afin de nous aider à recevoir le mieux-être. Toutes ces âmes ne sont qu'Amour. L'eau, sous toutes ses formes, nous rappelle aussi cet enfant intérieur en nous. L'eau représente la vie en chacun de nous. C'est le souvenir de notre immersion d'amour en liquide amniotique durant les neuf mois de gestation. Ainsi, l'eau que nous buvons nous aide à faire circuler les énergies dans notre corps, afin d'évoluer sans cesse. D'une autre façon, les larmes libératrices sont, elles, l'eau que nous versons, pour digérer ce qui ne nous correspond plus de notre vie passée, afin de nous laisser de la place pour retrouver une vie plus authentique. La Terre, sous nos pieds, est notre plus importante connexion pour réaliser que l'Amour est tout autour de nous, depuis toujours, en chaque chose. Chaque élément renferme l'Amour de la Terre, même le moindre petit objet. Puisque quelqu'un a, un jour, mis tout son amour à donner vie à cet objet. Seulement, nous avons oublié de le regarder avec notre cœur et d'y voir l'amour qu'il contient. C'est autant d'amour pour sublimer l'Amour en nous. Voilà toute la puissance d'Amour de notre incarnation terrestre.

Sans parler religion, mais en nous appuyant sur les messages que l'Amour nous a laissé à travers le temps, les statues de Jésus sont tout autour de nous, pour nous montrer la clef de l'Éternité qui prend tout son sens au présent. Jésus est crucifié, cloué sur la croix et nous avons voulu y lire toute sa souffrance, mais le message n'est-il pas ailleurs ? La croix se forme en une barre verticale et une barre horizontale. Cela représente verticalement la liberté de se relier entre l'Amour du Ciel, donc de l'amour de Dieu et l'Amour de la Terre, donc l'Amour de Dieu sur Terre. Et l'horizontalité offre la Vie éternelle entre l'amour du passé, l'amour du présent et l'amour du futur, qui ne sont linéairement qu'un seul et même Amour, qui montre que le passé offre de vivre au présent, un demain meilleur. Et si Dieu s'était incarné en Jésus pour nous délivrer que le présent éternel du point de jonction de la croix nous libère d'hier, donne vie au présent et améliore demain ? Et si Jésus était mort parce qu'il avait parlé et cherché à convaincre de ce qu'il pensait juste, au lieu de vivre silencieusement, ce en quoi il croyait tout en laissant les autres libres de progressivement, s'en imprégner ?

C'est ce que nous dévoilent les Singes de la Sagesse, qui montrent « demain » avec leurs deux mains, respectivement posées sur les yeux, la bouche et les oreilles. C'est la clef pour aimer et rendre le souffle de vie à notre enfant intérieur. La Vie qui émane de cet enfant en nous nous fera voir, écouter et nous laisser recevoir l'Amour de Tout, en Tout et pour Tout. Ā partir de cette Unité d'amour, chaque instant ne sera qu'une chance de recevoir le mieux-être de l'autre, en appui du bien-être en soi. Alors, comment s'exprime ce bien-être en soi, que nous appelons la Vérité de cœur ou la Vérité de notre enfant intérieur ?

Chapitre 8

La Vérité de Cœur du « J'aime »

Les humains disent qu'ils ont leur part d'ombre et de lumière, se donnant ainsi en dualité. Et si ce n'était pas une dualité, mais au contraire un axe sublimatoire, d'une part à l'autre de nous-mêmes ? La part obscure de notre être, nous cherchons à l'éloigner de nous. On veut la voir à l'extérieur, pour mieux nous en détacher. On va ainsi fuir un passé, une période de notre vie, une personne de notre passé. Mais n'est-il pas illusoire de croire que nous pouvons la fuir ? N'est-ce pas une part qui, où que l'on s'éloigne, existera toujours en nous ? Et n'a-t-elle pas sa raison d'être ? Alors, comment y voir un axe sublimatoire ? Peu importe qui nous avons été, ce qui compte est ce que nous décidons d'être en vérité avec nous-mêmes, au présent. En effet, notre cœur renferme la vie, notre enfant intérieur, le cadeau de notre incarnation. Notre âme, elle, porte tout ce que nous avons vécu, c'est-à-dire notre authentique identité dans ses moindres aspects. Elle véhicule ainsi notre merveilleuse différence. Reconsidérer l'âme, mémoire de notre passé à partir de notre incarnation revient à réaliser qu'on projetait au premier plan la fatalité, alors qu'y était renfermée depuis toujours, dans cette alliance d'amour âme-corps, la clef de notre liberté, de pouvoir choisir de vivre, un demain meilleur, en appui d'hier.

Liberté en quoi ? Nous fuyons, cherchons à dissimuler, cacher sous le tapis cette part, passé de nous, que l'on veut cacher aux autres. Ainsi, dans cet exil de nous, nous rentrons dans une prison où notre fuite alimente la grosseur des barreaux de notre prison jour après jour. En fuyant, en cherchant à l'extérieur un endroit où oublier, enterrer, effacer ses parts de nous-mêmes, nous ne faisons que fuir notre être, donc notre propre vie. Et ce, un peu plus chaque jour. Notre part d'ombre est, en fait, la plus lumineuse. C'est elle qui nous éclaire le plus car elle renferme tout ce que nous avons déjà vécu. Elle est non seulement un merveilleux indicateur, mémoire d'hier, pour nous permettre de choisir la direction dans laquelle avancer pour demain. Mais elle est aussi le secret de notre être, car être revient à aimer tout ce que l'on est, et donc, tout ce que l'on a vécu. Non seulement, nos peurs nous indiquent les chemins déjà empruntés qui nous ont fait vivre des situations douloureuses, mais on y découvre aussi que chaque chose a sa raison d'être.

Tout ce que nous avons vécu fait ce que nous sommes et si nous aimons chaque part de nous-mêmes, en comprenant que ce que nous avons vécu a sa raison d'être, alors nous pouvons nous libérer de ce qui ne nous correspond plus aujourd'hui. Alors qu'en rejetant certaines parts de nous-mêmes de notre passé, nous nous condamnons à les revivre inlassablement, jusqu'à pleinement les accepter pour pouvoir enfin nous en libérer. Renier une part d'hier c'est se condamner à la revivre encore et encore. Notre âme est en quelque sorte notre mémoire intemporelle qui nous rappelle ce que nous avons déjà vécu, afin qu'on puisse maintenant vivre autre chose aujourd'hui, de façon bien meilleure. Mieux encore, elle nous aide à nous aimer pour tout ce que nous sommes, en valorisant le sens profond de notre passé.

Le regard que nous avons choisi de porter sur hier fait ce que nous sommes. Nous avons choisi de regarder tel ou tel angle, pour en arriver à être ce que nous sommes aujourd'hui. Mais si notre regard passé ne nous correspond plus, à nous de nous laisser recevoir mieux aujourd'hui. Et de ne surtout pas nous enfermer dans cette vision passée. La sensation d'avoir été rejeté par notre famille, lors de notre enfance, nous a fait devenir ce que nous sommes aujourd'hui et cela avait sa raison d'être. Mais si ce regard passé nous rend malheureux, pourquoi ne pas nous laisser recevoir un autre regard qui nous rend plus heureux ? Il s'agit d'aimer tout ce par quoi nous sommes passés, pour enfin nous offrir, en appui de ce que l'on a déjà vécu, de vivre quelque chose d'encore meilleur. Lorsque nous nous aimons dans tout ce que nous sommes, nous nous offrons la liberté de pouvoir vivre autre chose que ce que nous avons vécu par le passé. Et nous commençons à porter un vrai regard d'amour et de sens profond à tout ce par quoi nous sommes passés, pour être devenus ce que nous sommes aujourd'hui. Nos peurs sont nos "meilleures amies" qui nous indiquent que nous nous dirigeons vers un chemin déjà emprunté. Et si ce dernier nous a déjà fait mal, elles nous proposent ainsi, en appui de notre mémoire d'hier, de vivre autre chose, en choisissant une toute autre direction.

Notre cœur, lui, porte La Vie, en ce qu'il est, la symbiose de notre âme et notre corps, donc il est notre incarnation pleine et entière. L'Amour ouvre la Vie en Tout. Pas simplement notre vie et les limites que nous lui avons données avec nos croyances, mais aussi la Vie avec toutes ses merveilleuses perspectives. Notre vie ne nous proposait dans l'âme esseulée et prédominante que de revivre hier, nous enfermant chaque jour davantage dans un fatalisme destructeur. Nous donnons ainsi l'illusion que demain ne pourrait que ressembler de près ou de loin qu'à hier. La Vie, en notre cœur, offerte lors de notre incarnation (âme dans le corps), nous fait découvrir que cette survie, image de notre vision propre de la vie, nous a permis d'être ce que nous sommes. Mais qu'aujourd'hui, si nous sommes prêts, nous pouvons maintenant nous laisser recevoir la vie. Ce que nous avons vécu n'a existé et ne continue à exister qu'à travers notre vision fermée des choses passées. Notre regard qui n'a pas laissé passer la lumière. Ce que nous avons lu en l'autre n'était peut-être pas ce que lui renfermait. En lisant avec amour notre Vérité d'âme, nous y découvrons que l'autre n'a été que ce que nous lui avons proposé d'être. Si, dès l'enfance, l'autre pensait être le pire et nous y avons lu ce qu'il pensait de lui, alors c'est le regard dans lequel nous nous sommes enfermés dans notre relation avec lui.

Ā quatre ans, nous quittons la dimension d'amour originel qu'est notre incarnation. Ainsi, nous oublions peu à peu l'amour de soi et de l'autre et c'est la naissance des premiers stigmates du Bourreau/Victime/Sauveur. La Vérité de Cœur nous délivre et nous ouvre la liberté d'aimer, tout simplement. Elle nous montre cet autre chemin possible : c'est ce que nous appelons le libre arbitre. Notre liberté de pouvoir choisir de porter un regard nouveau sur demain, en appui d'hier. Ainsi, nous nous appuyons sur le pied gauche, pour avancer le pied droit. Hier devient le meilleur des tremplins, pour un demain meilleur. Nous avons le choix de lire en hier, ce que nous avons vécu de pire et nous condamner à le revivre, éternellement. Ou au contraire, de reconsidérer hier et y porter un regard différent, en y découvrant toute la richesse qui nous a permis d'être ce que nous sommes. Ainsi, vais-je continuer à me dire que mes parents ne m'aiment pas et me rejettent ? Ou vais-je dans La Vérité de mon cœur, accepter de lire qu'en les regardant me rejeter, je les ai moi-même interdits de m'aimer ? C'est donc mon regard de l'époque qui fait qui je suis aujourd'hui. Mais maintenant, je préfère davantage me laisser recevoir leur amour. Ainsi, nos peurs subliment notre cœur et notre cœur sublime nos peurs. Rester dans cette vie où l'on se bat pour oublier hier n'est pas vivre, mais survivre. Vivre, signifie aimer hier et aujourd'hui, pour écrire un demain meilleur, pour soi. Et c'est donc forcément être libre d'hier, pour s'offrir hier, comme un tremplin qui donne des perspectives encore plus merveilleuses pour demain.

L'âme, révélée par l'incarnation, nous ouvre la vérité sur soi. Ainsi, la Vérité de Cœur naît en nous comme un passé serein qui nous aide à vivre un futur meilleur, en appui référence des expériences passées, reconsidérées avec amour. C'est notre âme, une fois incarnée, qui nous déploie cette liberté de choisir le regard que l'on porte sur hier et sur lequel on souhaite s'appuyer, pour écrire demain. Si je pense avoir vécu le pire, alors je ne peux que me proposer de nouveau le pire. Notre monde repose sur la vision fermée d'un verre rempli de moitié que l'on regarderait systématiquement comme vide. Le voir vide veut dire, le regarder dans l'âme, non incarnée. C'est la version que nous avions choisie, parce que c'est la seule qu'on croyait existante. Donc, dans notre fatalisme de ne pas avoir le choix, pas de grandes perspectives de demain, si ce n'est celles de revivre hier. Le monde qui nous est offert comporte les deux aspects du verre, tant le vide (âme seule) que le plein (incarnation) qui deviennent ainsi sublimatoires l'un de l'autre.

La Vérité de Cœur est la liberté qui nous est offerte de reconsidérer hier. Cette Vérité nous permet d'apprendre à nous aimer davantage. Elle nous aide à porter un regard différent sur hier, que celui sur lequel nous avions établi nos croyances. Cette empreinte d'hier est celle sur laquelle nous allons ouvrir notre réceptivité d'amour. Plus nous nous aimons et plus nous nous laisserons recevoir d'amour. Il ne s'agit pas de renier le regard que nous avons porté sur hier, mais bien davantage, de comprendre l'utilité qu'il a eue pour nous, pour nous permettre d'être ce que nous sommes aujourd'hui. On attire à soi ce que l'on est. Notre chemin passé a sa raison d'être. Nous pouvons continuer à regarder ce qui nous a fait mal ou accepter que peut-être avons-nous eu besoin de passer par là pour être qui nous sommes. Loin de la souffrance qui endurcit, il s'agit de réaliser la période vécue. C'est le chemin que nous nous proposions. Pourquoi ? Puisque c'est celui que nous portions en nous depuis l'enfance, comme notre regard de vérité. Oui, mais notre vérité absolue et non pas la vérité absolue. En prendre conscience permet de réaliser que dès lors, la fatalité n'existe plus. Si l'être que je suis attire les situations, face à moi, il suffit que je porte un regard différent, bien meilleur, peut-être plus doux, pour me proposer de vivre une situation bien plus épanouissante.

Il ne s'agit pas de changer, mais d'apprendre à nous aimer, dans tout ce que nous sommes et avons vécu, pour nous offrir de nous laisser recevoir encore meilleur. En schéma-miroir, l'autre, si nous ne l'aimons pas, pour quelle que raison que ce soit, équivaut que nous ne nous aimons pas dans une partie de nous-mêmes. Donc, si nous nous aimons, nous ne pouvons pas nous proposer de recevoir autre chose que le meilleur de l'autre. En effet, si je m'aime, pourquoi vais-je me proposer de vivre le pire de l'autre ? La Vérité de Cœur, l'Amour qui s'exprime en nous librement nous délivre qu'hier est aussi la trace de tout l'amour que nous nous portons à nous-mêmes. Il s'agit donc d'une liberté qui nous est offerte, pour nous aimer davantage. Mais aussi et avant tout, un libre arbitre qui offre deux chemins possibles. Si je ne m'aime pas tout pour ce que je suis, je m'interdis de recevoir une part d'amour. Si j'apprends à m'aimer chaque jour davantage, le « je suis » grandit et m'offre de recevoir davantage, chaque seconde. Dieu est cet Amour en nous, qui nous rend meilleurs et nous ramène à la vie. C'est l'ouverture du libre arbitre, la liberté de l'Amour, révélée. Donc sur le passé, deux regards possibles : je veux fuir hier et l'oublier très vite, mais je m'enferme un peu plus chaque jour ou bien, je comprends ce que j'ai vécu et apprends à m'aimer tout simplement.

Pour nous réapproprier ces deux orientations possibles, nous devons découvrir ce que nous propose le verre plein, afin d'avoir la liberté de choisir. Le côté vide, nous le connaissons bien, car cela fait des générations entières que nous le regardons exclusivement. Le passé est rarement une version que nous évoquons dans toute notre joie de vivre. Oui, le regard que nous avons posé sur hier existe bien, aussi douloureux soit-il, mais il renferme aussi une tout autre dimension que celle observée subjectivement. Notre souvenir d'hier n'est basé que sur notre empreinte personnelle, c'est notre propre regard de la situation vécue. Celui que nous avons posé et enregistré à l'époque et qui est resté notre croyance absolue de la réalité. Mais, ce n'est pas le seul existant. Ouvrir la Vérité de Cœur, c'est découvrir avec Amour les deux regards possibles sur une même situation, pour rendre chaque situation sublimatoire de l'autre.

La Vérité de Cœur se présente sous trois axes fondamentaux pour nous offrir cette liberté : croire en l'Amour en soi, voir l'Amour en soi et libérer l'Amour en soi. Il suffit d'être en vérité avec soi, dans tout ce que l'on est. Mais uniquement par rapport à soi et non par rapport aux autres. Ces trois axes, que j'appellerai « magiques », nous connectent à cette vérité, de manière significative, en nous permettant de réaliser que l'on s'aime pour ce que l'on est. C'est la liberté offerte de reconsidérer hier. Ces trois axes nous font prendre conscience de cette autre vie qui est là, en nous, depuis toujours et qui nous ouvre ainsi la liberté du choix entre nos deux chemins possibles.

Décortiquons tout d'abord notre âme. Nous savons que l'âme est la part intérieure de notre être. Comment pouvons-nous y avoir accès ? Où la trouver en soi ?

Succinctement, nommons notre chakra coronal que nous appelons communément notre cerveau, le siège de nos croyances. Notre chakra troisième œil, notre œil intérieur au milieu, au-dessus de nos deux yeux extérieurs, qui lui nous permet de regarder notre être intérieur. Et enfin, notre chakra gorge ou notre gorge, qui, elle aussi, est intérieure et nous offre notre voix ou voie de deux chemins possibles, c'est-à-dire la possibilité de choisir notre propre interprétation d'hier et d'aujourd'hui. La Vérité de Cœur consiste à être en vérité profonde avec soi, en se redéfinissant intérieurement, en fonction de ce que l'on aime, uniquement à partir de soi. Ainsi, cela donne : « Je crois en ce que j'aime, je visualise ce que j'aime et j'ai le choix de porter le regard que j'aime sur hier et aujourd'hui. »

Développons ces trois axes, situés à l'intérieur de nous, à travers ces trois portes invisibles que sont nos chakras. Les chakras supérieurs, ceux de notre âme, sont nos portes invisibles. Elles nous ouvrent nos trois merveilleuses valeurs libres que sont nos croyances, face à nos rêves, nos visions face à nos visualisations et notre dualité face à notre libre arbitre. Le premier est le chakra coronal, Sahasrara. Il est situé au-dessus de notre tête et correspond à nos croyances. On croit possible pour soi, uniquement ce que l'on a déjà vécu. Sahasrara nous offre de tout croire possible, dès lors que cette croyance émane de notre cœur et nous rend heureux. Ainsi, par le « j'aime croire », notre croyance s'élargit, ouvrant d'autres perspectives que celles déjà connues. Le deuxième est le chakra troisième œil, appelé Ajna. Il est situé au milieu et au-dessus de nos deux yeux et il nous permet de voir et projeter notre bien-être et notre beauté. En quelque sorte, regarder notre cœur et y lire cet autre chemin possible qui existe en nous. Le troisième est le chakra gorge, appelé Vishuddha. Il est situé au bas de notre gorge et correspond à notre voix. Il renferme notre précieux libre arbitre qui nous ouvre la voie du choix. Ce choix s'offre à nous pour nous découvrir le libre arbitre, à la place de la dualité. Dualité entre ce que nous avons vécu et ce que nous aimerions vivre. Alors que le libre arbitre, lui, nous aide à choisir notre chemin, celui qui nous correspond le plus, parmi les deux possibles. La voix est la voie qui nous renvoie à notre précieux libre arbitre de choisir notre vie.

De nombreuses personnes qui n'ont pas confiance en elles bégayent, rencontrent des difficultés de langage, car elles ne sont pas centrées sur elles, mais sur le regard des autres. Elles perdent leur libre arbitre, sous le regard de l'autre et s'enferment dans une dualité destructrice. Le bégayement vient de la difficulté à se centrer sur soi. On regarde beaucoup plus l'autre que soi et ainsi, on donne du pouvoir à l'autre sur soi. La personne est vampirisée par sa peur de l'autre et finit par se dés-identifier d'elle-même.

Comment accéder à notre Vérité de Cœur ? En se recentrant dans un dialogue intérieur, à travers les mots, qui enlèvent les maux et ouvrent le cœur. Puisque j'aime croire que je suis heureux, je me visualise heureux et je sais que j'ai maintenant le choix d'être heureux dans ma vie. La projection en notre troisième œil est la base de notre Vérité de Cœur. Lorsque nous avons relié nos croyances à notre cœur, ouvrant le chemin de nos rêves, nous pouvons ensuite les dessiner à partir de notre troisième œil, en projetant uniquement ce que nous aimons. Puis, savoir désormais que cet autre chemin existe et que nous sommes libres de le choisir. Ajna est notre œil qui regarde à l'intérieur. S'il n'est pas connecté à notre cœur, il regarde notre âme. Ainsi, dans ce cas, il nous montre comme seul chemin celui déjà emprunté par le passé. Si Ajna est connecté à notre cœur, il regarde donc à l'intérieur de notre cœur et devient notre œil sacré. Il nous montre ainsi que depuis toujours, un autre chemin existe. Celui qui correspond à tout ce que nous aimons voir et qui renferme notre autre regard possible. Ajna nous ouvre la voie de notre cœur et dessine, peu à peu en nous, deux chemins possibles. C'est là que nous découvrons toute l'importance du regard porté sur hier. Nous avons vu uniquement ce que nos croyances nous permettaient de lire. Un exemple concret : comment voir l'homme gentil si nous n'avons jamais vu autre chose en l'homme que de la violence ? Nous n'avons dès lors que chercher à lutter contre cette violence, ne faisant que la renforcer dans notre croyance. Nous ouvrons, à l'inverse, une autre perspective en nous demandant ce que nous aimons voir et croire. Nous découvrons ainsi, peu à peu, qu'en regardant l'autre dans sa violence, nous ne lui avons pas proposé d'être autrement. Certes, cette part existe en l'autre, mais ce n'est pas la seule. Et pourtant, en portant ce regard-là, en appui de nos croyances, nous l'avons condamné à cette version de lui-même, pire encore, elle s'est renforcée en lui. Pourtant, nous sommes libres en appui de notre amour de nous-mêmes de nous offrir bien meilleur. Nous pouvons notamment choisir au sein de la merveilleuse bibliothèque de notre âme, d'aller rechercher les passages heureux pour les revivre éternellement. Et aussi apprendre à reconsidérer avec amour, le sens profond à tout ce que nous nous sommes fait vivre, qui avait parfaitement sa raison d'être.

La particularité de notre âme est qu'elle est éternelle. Elle renferme toutes ces vies qui font ce que nous sommes aujourd'hui. Cette éternité est le cadeau de notre âme. Mais, jusqu'à ce jour, pourquoi considérer cette éternité puisqu'elle nous laisse le goût amer d'une destruction dans laquelle nous nous sommes enfermés avec fatalisme ? Par contre, si d'un seul coup, nous apprenons à aimer notre âme dans toute sa dimension, en découvrant les merveilleuses perspectives de cet autre chemin possible, pourquoi nous priver de cette éternité ? Une éternité d'amour, où hier viendrait à sublimer aujourd'hui, pour émerveiller demain. Toutes les mémoires d'hier, une fois aimées, seraient la perspective d'un océan d'amour pour demain. Les jours passeront et en renforçant cette voie du cœur, nous réaliserons peu à peu que nous nous sentons profondément prêts à ouvrir cet autre chemin possible, empreint d'éternité. C'est le cadeau d'amour de notre âme. Ce n'est pas un miracle, c'est simplement notre cadeau de naissance. C'est le « j'aime » de notre âme qui nous offre la liberté. Nous accueillons ainsi notre amour du ciel, notre amour de Dieu, pour nous révéler cet amour de soi sur lequel on construit la vie, loin des croyances limitées de notre survie.

Dans cet amour de soi, Dieu s'exprime en chaque part de nous dans toute sa dimension éternelle d'amour. Notre âme devient ainsi notre alliance de notre cœur au cœur de Dieu et nous y récupérons ainsi l'amour de la vie. Au début, pour nous familiariser avec notre Vérité de Cœur, nous dirons : « J'aime croire... donc je le visualise et je sens que j'ai maintenant cet autre chemin que je peux choisir éternellement ». Et puis, un matin, nous comprendrons la puissance du « j'aime ». Puisqu'en le prononçant avec tout notre cœur, nous sentirons naturellement que dans notre gorge, vient de s'inscrire notre fameux choix : notre libre arbitre éternel. Ce recentrage intérieur est l'axe d'où tout se dessine à partir de soi et pour soi. On peut ensuite le choisir, comme notre propre vie. Toutes celles et ceux que nous avons rencontrés nous ont aidés à devenir ce que nous sommes. Chaque événement, chaque rencontre avait sa raison d'être. Nous avons choisi notre famille afin de vivre tout ce que nous avons vécu, dans le but de découvrir des parts de soi que nous n'avions pas découvertes dans d'autres vies. C'est l'empreinte de notre Éternité. Refuser une part de l'autre est nous interdire cet amour en nous.

C'est dans l'obscurité que nous découvrons le plus de Lumière. Ā force de considérer le côté vide du verre d'un verre rempli de moitié, nous accédons non seulement au côté plein en toute sérénité, mais mieux encore, nous accédons à l'entièreté du verre dans ses deux côtés. Ainsi s'ouvre notre vraie liberté. Nous savons ce que nous n'aimons plus, nous pouvons ainsi définir, aimer et ouvrir la perspective des deux chemins. Donc, en appui d'hier, nous aurons un demain meilleur et bien différent. L'Éternité appartient certes à l'importance d'hier et des expériences passées, mais aussi à aujourd'hui dans notre liberté de choisir, comment s'écrira demain. Cette éternité donne une empreinte à l'amour de soi, parce qu'elle nous permet de réaliser à quel point hier est merveilleux en nous, pour exprimer notre être dans toute sa profondeur, sa merveilleuse différence et sa liberté pure. La Vérité de Cœur dévoile toute la dimension éternelle de l'amour de soi et du « je m'aime et j'aime ». C'est toute notre divinité, soit le meilleur de nous, qui se révèle.

« J'aime » exprime toute la vérité de l'amour de soi. Par amour, nous pouvons nous séparer des parts qui ne nous correspondent plus, pour écrire un autre chemin, pour demain. Là où naît la pleine Lumière s'arrête l'obscurité. Les étoiles dans le ciel nous indiquent le chemin. Ces lumières qui scintillent dans la nuit nous expriment toute la puissance de notre cœur, qui éclaire notre âme. Les étoiles nous montrent toute la Lumière qui émane de la nuit, donc de notre obscurité. Cette Lumière merveilleuse naît de notre obscurité profonde. Tout notre passé qui fait ce que nous sommes renferme la puissance du tremplin pour un présent et un demain meilleurs : c'est notre Vérité de Cœur.

Dans la Vérité de Cœur, nous avons ouvert l'extraordinaire dimension de l'amour de soi, mais que serait-elle seule, sans l'amour de l'autre ? Tout cet amour que nous avons découvert en nous et dont nous avons pris conscience, peut maintenant être sublimé, par l'amour de l'autre. Ainsi s'ouvre, après la merveilleuse richesse de la Vérité de Cœur de notre âme d'amour, une richesse sublimatoire de notre corps d'amour qui s'appelle la Justesse de Cœur.

Chapitre 9

La Justesse de Cœur du « Je suis »

Notre corps est notre présent et notre connexion au monde extérieur. C'est la part incarnée de notre être sur terre, reliée à la terre et à tout notre monde extérieur. Il est donc, à la fois l'intérieur et l'extérieur de nous-mêmes. Tout seul, il n'est que l'instant éphémère de la vie qui éteint la minute vécue, dès qu'elle est apparue. Relié à l'âme, il trace un pont entre passé et présent. Mais, ce n'est qu'avec le cœur qu'il incarne notre propre vie, passé, présent et futur unifiés.

La Justesse de Cœur nous aide à reprendre notre juste place en ce monde. Pas en empiétant chez l'autre, ni en laissant à l'autre tous les droits sur soi, mais simplement en choisissant d'être ce que l'on aime de tout notre cœur, pour l'attirer jusqu'à soi en schéma miroir. Vivre tout ce que nous aimons signifie être en vie pour de vrai dans notre propre existence. Vivre une vie de contraintes, de servitudes, de renoncements, de concessions, d'insuffisances, de peurs, de doutes, d'interrogations, de frustrations comme dépossédés de soi, ce n'est pas vivre, mais survivre. Cette survie avait cette raison d'être, parce que nous nous protégions de l'amour de soi, qui nous horrifiait, à l'idée d'être détachés et indépendants de l'autre.

Il y a encore peu de temps, la Terre, enfermée dans la dualité, ne pouvait nous aider à nous réaliser pleinement, et nous étions enfermés dans la dépendance que l'on appelait « amour ». Mais nous y reviendrons un peu plus tard.

Évoquons tout d'abord l'importance de l'autre dans cette Justesse de Cœur. Notre dualité consiste à n'évoluer qu'en appui de celles et ceux qui nous entourent, tantôt en leur laissant le pouvoir sur nous, tantôt en prenant le pouvoir sur eux, mais inexorablement toujours détachés de nous-mêmes, très loin de la conscience de notre libre arbitre.

Dans un cas, positionnés au milieu entre l'autre et soi pour prendre l'ascendant. Dans un autre cas, permettant notre envahissement lorsque nous lui laissons l'ascendant. De quelles manières ? Par le reproche, la vexation, la frustration, l'exagération.

Lorsque l'on envisage le corps avec notre cœur, donc avec ce que nous aimons, nous reprenons le fil de notre propre existence. Lorsque nous vivons dans l'obligation ou la résignation, dépossédés de nous-mêmes, nous ne faisons que faire vivre l'autre, au travers de nous-mêmes. Nous projetons en l'autre tout ce que nous sommes, parts d'ombre et de lumière. L'autre est notre indicateur vérité sur nous-mêmes. Dans le regard que nous portons sur lui, nous nous découvrons purement tels que nous sommes. Autant dans nos parts joyeuses et merveilleuses, que dans certaines plus sombres. Ensuite, en gardant ou non cette même approche, nous orientons simultanément l'autre vers une part ou une autre de nous-mêmes. Cela signifie que l’autre nous offre uniquement ce que nous nous proposons à nous-mêmes.

Notre corps est le passage entre notre être intérieur et le monde extérieur. Orienter notre corps avec notre cœur c’est pouvoir créer sa vie telle que nous l’aimons intérieurement et extérieurement. Ce n’est pas une utopie, comme une certaine partie de nous pourrait à le penser, pour encore une fois, nous en détourner. C’est choisir d’accepter émotionnellement que l’on crée et concrétise ce que l’on aime et que c‘est notre cadeau d‘amour de la Terre qui, relié à notre cœur, nous porte dans la concrétisation de nos rêves. En quoi cela consiste-t-il ? Choisir d’être physiquement ce que l’on aime de soi et pour soi, en aimant toutes les parts de soi et en choisissant pour demain de créer le meilleur pour nous-mêmes. L'incarnation se fait dans notre corps physique, à travers une phase, qui s'appelle la validation ou l'acceptation émotionnelle. Nos émotions sont notre reconnexion à notre vraie vie. Cette acceptation émotionnelle est effectuée pendant notre sommeil ou plus exactement pendant toute forme de repos à partir du moment où nos yeux sont fermés. Pourquoi ? Puisque c'est les moments précis où nous nous reconnectons intérieurement, intégralement à ce que nous sommes, sans être parasités par l'extérieur. Ainsi, nous pouvons tranquillement finir de créer en nous ce que nous aimons pour l'incarner à part entière, tout en nous reposant lors de ces différentes validations émotionnelles. Pour être sûrs, lors de notre éveil, que nous ne dénaturerons pas cette construction intérieure à partir de l'extérieur, nous pouvons aussi choisir d'orienter nos sens dans le sens de notre cœur. En effet, ce sont nos sens qui nous connectent au monde extérieur. Sans eux, notre vie ne serait qu'intérieure. Si nous choisissons donc d'orienter nos sens dans la direction de notre cœur, alors tout ce à quoi nous serons connectés de l'extérieur ne pourra que nous renvoyer à notre propre consolidation intérieure. Dans cette mesure où notre vue, notre ouïe, notre odorat, notre toucher, notre goût et nos ressentis n'agissent qu'à travers ce que nous aimons, alors ils déclencheront en nous une autre vision de notre monde, similaire à celle choisie de l'intérieur. C'est un peu comme un verre rempli à moitié. Que verrons-nous ? Le verre à moitié vide ou le verre à moitié plein ? Il y a deux regards possibles pour une même situation.

Notre monde de dualité oppose le verre plein au verre vide et nous fait rester les fesses entre deux chaises. Mais est-ce notre place d'avoir les fesses entre deux chaises ? Ou n'est-ce pas davantage d'être confortablement installé chez soi, à sa juste place ? Comment définir sa juste place ? En considérant que la vie nous offre le verre entier et que c'est à nous d'en choisir la part qui nous touche dans le cœur, celle qui nous correspond et nous épanouit entièrement. Il ne s'agit pas de choisir une partie en anéantissant l'autre partie du verre. Mais bien plus merveilleusement, considérer l'importance du verre entier pour y retrouver notre liberté de choisir la part qui nous y intéresse. Si nous n'avions jamais vécu la partie vide du verre, comment identifier qu'elle nous fait du mal et pouvoir ainsi, choisir l'autre partie ? C'est en appui de la partie vide que nous pouvons nous sublimer en choisissant aujourd'hui la partie pleine, sans laquelle nous n'aurions jamais su où se place notre choix de cœur. En ne reniant jamais que les deux parties existent, nous sommes libres de choisir celle qui nous correspond vraiment à ce jour, en appui de celles déjà vécues.

La Justesse de Cœur est cette juste place de soi dans notre vie, pas par rapport aux autres, mais en écoute de soi. Lorsque nous incarnons notre Justesse de Cœur, nous définissons notre juste place en ce monde. En choisissant la voie de notre cœur physiquement, notre place est redéfinie. Nous créons en nous notre propre vie, telle qu'elle nous a été offerte à notre naissance. Ainsi, en la créant puis la consolidant de l'intérieur, c'est désormais celle qui nous définit, en tant qu'être et c'est donc ce que l'on va simultanément attirer à soi. On attire à soi ce que l'on est. C'est le cadeau de notre incarnation terrestre, notre juste place, notre vie que l'on aime. Plus exactement, notre pouvoir de créer notre propre vie telle que nous l'aimons.

La Terre et le Ciel qui forment l'univers sont neutres et ne font que suivre le chemin que nous leur indiquons. Il ne s'agit plus de revivre inlassablement le passé sans d'autre choix que la fatalité. Mais cette fois, de choisir notre propre chemin à partir du « je suis » regardant au préalable, tout ce que nous aimons. Mais aussi, accepter tout ce que nous recevons, car tout ce que nous recevons n'est que ce que nous nous proposons à ce jour de vivre. Rejeter ce que l'on reçoit revient à nous enfermer dedans. Dire oui à tout ce que nous vivons nous permet d'ouvrir un autre chemin par notre voie intérieure, qui n'est autre que notre libre-arbitre. Chaque chose a sa raison d'être. En disant « oui » ou « j'accepte » à ce que nous vivons, nous nous proposons de pouvoir nous en libérer, pour le remplacer par autre chose. Ce que nous vivons dehors correspond à notre propre création intérieure. Tant que nous ne l'acceptons pas, nous en sommes prisonniers. Dès lors qu'on reconnaît que c'est une part de soi et qu'elle ne nous correspond plus, nous pouvons nous en libérer : c'est le cadeau de notre libre arbitre.

Créer notre vie, à partir de notre cœur, est notre cadeau de la Terre dans notre vie, lié à notre propre incarnation terrestre. Cette incarnation terrestre n'est effective que lors de la validation émotionnelle complète de notre choix de cœur. Pour l'installer en soi, nous devons privilégier l'écoute exclusive de notre cœur sans nous laisser parasiter par le monde extérieur. Il faut rester centré, afin de ne pas se confronter à nouveau à notre dualité passée. Le silence est fondamental, car en parlant de ce que nous souhaitons consolider, nous ne faisons que nous confronter à la part extérieure de nous-mêmes, qui doute encore. La validation est pleine et entière lorsque l'univers nous ouvre « terrestrement », de recevoir et vivre physiquement notre choix de coeur. Tant que l'incarnation n'est pas effectuée entièrement, par l'acceptation émotionnelle, nous pouvons choisir d'orienter nos sens, dans la direction de notre cœur. Si nos sens sont orientés vers notre cœur, ils nous accompagnent dans cette préservation de la pureté de nos choix de cœur intérieur, le temps que notre validation émotionnelle se fasse. Ainsi, lorsque nous connectons un à un nos sens à notre cœur, tout l'extérieur perçu ne sera que le reflet de l'intérieur. Vous passerez devant un tableau et vous y verrez tout ce que votre cœur aimera y voir. Vous écouterez une chanson et n'en écouterez que ce que votre cœur aimera en entendre. Votre cœur sera passé à la commande de vos sens et l'acceptation émotionnelle pourra tranquillement se faire sans que votre extérieur ne perturbe votre intérieur. Mais qu'est-ce exactement cette validation émotionnelle ?

C'est la phase pendant laquelle l'abstrait se dessine concrètement en nous. On incarne peu à peu physiquement notre Vérité de Cœur. Notre corps matérialise ainsi la voie de notre cœur en nous, jusqu'à ce qu'on la respire, transpire de tout notre être. Plus on la ressent en soi physiquement et plus on se familiarise, jusqu'à ne faire qu'un, entièrement avec elle pour la laisser arriver jusqu'à soi. C'est un peu comme le passage d'une écluse. On est à sa juste place et naturellement le niveau d'eau va augmenter ou réduire, pour nous permettre de pouvoir ouvrir notre chemin. Il ne s'agit pas de passer alors que le niveau n'est pas ajusté. On laisse tranquillement le niveau s'ajuster et on se laisse porter en toute confiance.

Ce chemin que l'on choisit avec notre cœur était le nôtre depuis toujours, alors plus on le fait vivre en soi plus on le reprend comme nôtre. Une sorte de naturel qui revient au galop ! Les siestes, le sommeil, les méditations ou même ces instants où nous gardons les yeux fermés sont autant de connexion pour finir de concrétiser dans notre corps ce que nous avons choisi de tout notre cœur pour nous-mêmes. Nos loisirs, nos passions, l'art sous toutes ses formes, les moments qui nous font du bien pour nous-mêmes sont autant d'axes de cette validation émotionnelle. Nous ne pouvons plus rendre l'autre responsable puisque nous sommes les créateurs depuis toujours de cette vie qu'est la nôtre. La Justesse de Cœur est la création physique, concrète, palpable de ce choix en nous pour devenir nôtre, jusqu'à, à pleine maturité émotionnelle, être incarnée en nous, comme notre vie propre. Notre corps devient notre vie d'amour. Si nous choisissons de mettre tout ce que l'on aime dans notre corps alors, après une validation émotionnelle fondamentale, nous l'incarnons jusqu'à l'attirer dans notre vie, en schéma-miroir.

Décortiquons quelques instants cette Justesse de Cœur. J'accepte de choisir la voie de mon cœur. Ā cette phase, je sens que ça passe dans la gorge, j'ai fait mon choix avec mon cœur et désormais, il devient moi dans tout mon corps. C'est maintenant la phase de concrétisation dans le corps. La Terre, sous nos pieds, nous envoie le message d'amour suivant : « Je t'aide à concrétiser ce que tu aimes, car c'est depuis toujours un chemin qui s'ouvre à toi ». Je peux sentir la force dans laquelle je suis porté dans ce chemin qu'est le mien. Ā cet instant, en suivant les plans de mon cœur, je le crée en moi concrètement. Cela devient, à part entière, moi, dans tout mon être. Et la vague émotionnelle s'en suit, pour me permettre d'accepter que ce n'est plus seulement de l'ordre abstrait de mes sentiments, de mon intuition ou de mes pensées, mais que ce sont bel et bien des sensations physiques qui font que j'incarne désormais ce que j'ai choisi de tout mon cœur. Le flot émotionnel, je le laisse passer, que ce soit un frisson, des larmes aux yeux, une chaleur en moi, une profonde fatigue. Cela signifie que j'ai fait de la place pour accueillir ce que j'ai choisi. Si je n'aime pas tout ce que je suis alors je ne peux pas m'en libérer. Chaque part que je n'aime pas en moi, il m'est impossible de m'en séparer. C'est la part que systématiquement je verrai, avant de pouvoir accéder à mon autre chemin possible. Une fois que j'aime chaque part vécue, je peux émotionnellement m'en libérer, pour en accueillir une autre, toute nouvelle. Cela est ma vérité. Je m'offre à cet instant de vivre ma juste place en ce monde, car je m'aime dans tout ce que je suis. Réaliser émotionnellement est un passage obligé !

Lorsque l'émotion monte, elle valide la création nouvelle, à l'intérieur. D'où l'importance de laisser passer cette phase émotionnelle. Qu'ai-je ainsi réalisé ? Je ne suis qu'un avec la Terre, de tout mon cœur. Ainsi, je récupère le cadeau de la Terre : je suis créateur de ma vie et je reçois ce que j'aime, tout simplement. Ainsi, par la Justesse de Cœur, je crée ma propre vie telle que je l'aime. Ce que j'aime, je l'ai choisi et je l'attire, simultanément, à moi, dans ma vie.

Nous nous plaçons à l'endroit où nous aimons être, c'est-à-dire à notre juste place en ce monde. Puis, la Terre s'installe tout autour de nous, pour nous réaliser pleinement et concrètement, dans tout ce que l'on souhaite. L'enfant, depuis tout petit, voit tout d'abord le monde depuis son cœur, il y voit des anges, des fées. Il parle avec des amis invisibles, joue même avec eux. Pourquoi ? Puisqu'il regarde, écoute le monde avec son cœur. Nous disons que l'enfant passe, entre douze et dix-sept ans, par une crise d'adolescence mais n'est-ce pas ce que nous voulons y voir ? L'enfant n'est-il pas en train de vouloir, tout simplement, garder sa Justesse de Cœur, alors que le monde extérieur de l'adulte l'oblige à le quitter ? Plus exactement n'est-ce pas simplement la manifestation de l'adulte naissant qui voudrait garder sa vision propre du monde, depuis son intérieur et qui sent que, peu à peu, l'extérieur le prive de cette vision qu'est la sienne ? En regardant la situation comme une crise, nous nous mettons à l'abri de cette connexion, avec notre propre vision de la vie.

Pourquoi ? Car elle nous rappelle à quel point nous sommes prisonniers de ce schéma pouvoir sur l'autre/pouvoir de l'autre sur soi. Si loin finalement de nous-mêmes et de notre propre pouvoir, de vivre notre vie juste. La Justesse de Cœur distance la justice où il y avait systématiquement le pouvoir de l'autre sur soi ou notre propre pouvoir sur l'autre.

La réalisation de la phase créatrice en notre corps s'établit par le chakra sacré. Il est donc le créateur en nous. C'est lui qui détient l'axe créateur de notre vie. Il est le cœur de la Terre que nous incarnons dans notre corps, de tout notre amour.

Il est en nous-mêmes, dans notre capacité à créer avec notre cœur notre propre vie, en reliant notre chakra sacré à notre cœur, pour rendre ainsi notre cœur sacré. Ce créateur est donc en nous dans le chakra sacré, dit le chakra sexuel, créatif et détenteur de l'inconscient. L'inconscient ? Oui le conscient-un bien sûr. Je réalise ainsi que je suis un, âme, cœur et corps réunis. Ainsi, dans notre Vérité de Cœur, nous ne faisons qu'un, âme et cœur, unis dans notre corps, cela ouvre notre Justesse de Cœur. Notre âme devient ainsi le Ciel et notre Corps devient Terre. Nous ne faisons qu'un de tout notre cœur, dans notre amour. Nous recevons ainsi, en simultanéité dans notre cœur, les énergies angéliques du Ciel et les énergies chamaniques de la Terre. Ainsi, dans cette dimension sublimatoire des deux amours, nous ouvrons tout le chemin des possibles. Ainsi, les faits deviennent les fées, propres à l'univers, dans cette Justesse de Cœur, qui nous exaucent. Nous ouvrons donc la porte à un autre monde, uniquement visible par notre cœur. Et de cette façon, en prenant notre propre place en ce monde, de tout notre amour, à notre juste place, c'est-à-dire là où nous aimons être, nous laissons l'univers entier prendre place tout autour de nous, tout simplement et si merveilleusement. Donc, maintenant que nous pouvons créer en nous cette vie que l'on aime et l'incarner à part entière, comment la vivre dans ce qu'elle nous offre de meilleur ? Ā travers le Pouvoir d'Amour.

Chapitre 10

Le Pouvoir d'Amour du

« J'aime être où je vis »

Et si notre existence, tout ce que l'on est, tout ce que l'on vit, tous ceux qui nous entourent, notre physique, celui des autres n'étaient qu'une projection créée à partir de notre seul être… qui ne peut changer qu'avec notre cœur, lorsqu'il s'exprime dans toute sa vérité, sa justesse et sa simplicité, à travers le « je vis » ?

Revenons sur le Yin et le Yang. Certains préfèrent le noir, d'autres le blanc. Et pourtant, c'est parce que le noir existe qu'il fait ressortir le blanc et vice versa. C'est parce que le jour existe qu'il donne toute considération à la nuit, lorsqu'elle se dessine. C'est parce que Dieu nous aide à transformer nos croyances en rêves que la terre nous aide à les concrétiser. Le Yin et le Yang existent l'un sans l'autre, mais en entrant en symbiose, ils se donnent une valeur encore plus entière. Aucun ne prend le dessus sur l'autre, parce qu'ils se subliment, en existant l'un avec l'autre, dans cette alliance d'amour. C'est le fonctionnement même de notre âme avec notre corps, quand on les relie à notre cœur. Notre cœur nous ouvre un autre regard sur notre vie. Il nous permet de réaliser que ce que nous pensions figé, fermé, peut s'ouvrir. Il nous ouvre le chemin de tous les possibles. En le reliant à notre âme (passé) qui renferme une bibliothèque gigantesque de tout notre vécu, il la délivre, pour lui offrir sa liberté de choisir un autre chemin que celui emprunté par le passé. Les limites de notre âme sont effacées. Notre corps, quant à lui, une fois relié au cœur, n'est plus figé dans un instant présent qui s'éteint et il peut ainsi s'exprimer dans toute sa singularité en étant libre de vivre joyeusement. Cette alliance merveilleuse nous sublime dans cette Trinité, donnant vie à l'être complet, doté d'un merveilleux Pouvoir d'Amour.

Notre Pouvoir d'Amour qui émane de notre cœur ouvre notre unité terre, cœur, ciel dans l'amour de soi, l'amour du Ciel et l'amour de la Terre. Nous avons voulu ignorer ce pouvoir car il partait de nous, et nous avions depuis toujours décidé de donner priorité à l'autre. C'était notre certitude d'être aimé par l'autre, à travers cette dépendance que nous alimentons avec le monde extérieur. Pourtant, de nombreux messages ont traversé les temps, pour nous guider avec amour et nous faire reconsidérer cette vision restreinte de notre monde. Ces messages nous laissaient la trace indélébile de notre liberté d'être. Mais nous avons fait le choix de continuer à regarder ce à quoi nous croyons depuis toujours, afin de les interpréter dans notre même dimension du verre vide qui oppose le verre plein. Nous avons ainsi alimenté notre croyance de la dualité, au détriment de la liberté de choisir. Notre Pouvoir d'Amour naît de la communion symbiose de notre Vérité de Cœur (âme-cœur) incarnée dans notre corps de la Justesse de Cœur (corps-cœur). Il est notre plus précieux cadeau dans notre incarnation terrestre. Il déclenche le chemin du tout est possible. C'est notre plus grand trésor.

Alors comment se le réapproprier ? Tout d'abord au quotidien, en se considérant systématiquement, avant de considérer l'autre. Je m'aime avant d'aimer l'autre. Ce qui signifie que nous choisissons la place que nous aimons pour soi et nous laissons l'autre dans sa propre liberté prendre à son tour sa propre place. Quelques exemples: « Chéri, je me sers un thé, tu veux un café ? » Cela ne paraît rien mais le message est très clair. Parce que j'ai envie d'un thé et que je suis en train de me le préparer, je te propose, si toi aussi, tu veux quelque chose. Je ne vais pas me lever uniquement pour te faire ton café. L'expression « charité bien ordonnée commençant par soi » n'étant pas en reste. En effet, nous avons appris « je » avant « tu » lorsque nous faisions nos conjugaisons à l'école. Ce n'est pas s'imposer, mais juste se poser à sa juste place en toute vérité.

Dire oui à quelque chose à laquelle on pense non n'est pas répondre à ce que l'on est dans notre vérité propre. On s'en fiche de dire ou pas la vérité à l'autre, c'est à nous-mêmes qu'on ne veut pas mentir. Nous choisissons donc d'être fidèle à nous-mêmes avant d'être fidèle à l'autre. Pourquoi ? Puisque, comme nous l'avons appris, l'autre est un miroir de soi. Si je suis fidèle à ce que j'aime de tout mon cœur, alors je recevrai cette même fidélité de l'extérieur. Étant donné que c'est elle que je propose à l'autre, en me la proposant à moi-même. Notre Pouvoir d'Amour naît de cet amour unitaire que l'on porte en soi dans son corps. Peu importe qui j'ai été avant, dans cette vie, dans mes autres vies, ce qui compte c'est ce que je choisis d'être, à partir de cet instant présent, pour moi-même. Autrement dit, hier m'a offert d'être ce que je suis aujourd'hui, pour vivre mieux demain. En nous reliant à notre cœur, nous orientons les trois portes de l'âme et les trois portes du corps à se connecter simultanément, les unes aux autres. Nous créons ainsi dans l'âme, la Vérité de Cœur, et dans le corps, la Justesse de Cœur qui donnent tous deux naissance au Pouvoir d'Amour.

Le Pouvoir d'Amour révèle notre liberté à recevoir, tout simplement, ce que nous aimons. Ainsi, la vie que nous incarnons de tout notre cœur est celle que nous recevons simultanément. Nos rêves deviennent notre concrétisation terrestre dans la connexion chakra-cœur, chakra coronal et chakra-racine, mais aussi nos visualisations (chakra troisième œil) deviennent nos créations (chakra sacré) par le cœur. Et enfin, nos choix (chakra gorge) vibrent émotionnellement en nous (chakra plexus solaire) pour être validés et donc incarnés en nous, terrestrement. C'est cet ensemble qui donne vie à notre Pouvoir d'Amour, c'est notre simplicité à nous laisser recevoir la Vie. Nous sommes, par la Vérité de Cœur, dans notre amour de soi éternel, et en prenant notre juste place en ce monde, à travers la Justesse de Cœur, nous nous laissons recevoir de l'univers entier tout ce que nous aimons, en toute simplicité. Ce Pouvoir d'Amour s'exprime à travers nos « j'aime ». Quand nous disons « j'aime », nous acceptons de recevoir l'amour de ce que nous aimons. Nous aimons les légumes et nous recevons ainsi les merveilleux bienfaits de ces derniers. Nous aimons les animaux et nous recevons le témoignage de leur affection. Lorsque nous n'aimons pas quelque chose ou quelqu'un, nous nous privons de recevoir son amour, simultanément. Dans le « j'aime l'univers », se trouve notre pleine réceptivité de l'amour de l'univers entier. Lorsque nous n'aimons pas les serpents, nous nous privons de recevoir cette part d'amour en nous-mêmes, alors qu'elle nous est offerte par la Terre. Apprendre à tout aimer, c'est s'offrir de recevoir entièrement tout l'amour qui nous est offert à l'échelle universelle. Nous apprenons à aimer l'autre autant que nous nous aimons nous-mêmes. Aimer l'autre plus que soi est un déséquilibre, tout autant pour soi que pour l'autre.

Chaque élément de l'univers que nous n'aimons pas reflète une part de nous que nous n'aimons pas réellement. Quand nous aimons l'autre, nous nous laissons recevoir son amour en toute confiance, c'est cela le Pouvoir de l'Amour : se laisser recevoir l'amour de l'autre en toute confiance.

Notre cœur n'est pas seulement l'organe qui nous maintient en vie, il est aussi celui qui nous aide à nous aimer et à aimer les autres. Notre cœur est notre vie. Tant que nous ne nous aimons pas nous-mêmes, nous gardons un lien de dépendance à l'autre et ainsi, en le privant de sa liberté, nous nous privons de notre propre liberté. Certains diront qu'il faut oublier l'autre pour se trouver soi. En fait, non, juste être à sa juste place dans toute sa vérité, avant de considérer l'autre. Tant que nous laissons l'autre nous guider, à notre place, nous ne sommes ni vrais, ni justes, par rapport à nous-mêmes. Mais sommes-nous prêts à l'entendre, alors que l'autre est présenté comme un besoin dans notre quotidien de dépendance ? Le mot « besoin », nous y avons recours chaque jour dans notre vie par rapport à l'autre comme une dépendance infernale. « J'ai besoin qu'il me rassure », « j'ai besoin de liberté », « j'ai besoin que mon patron reconnaisse la valeur de mon travail », « j'ai besoin qu'il s'excuse » ... Là encore la liste peut être très longue. Si nous avons besoin de l'autre, alors en schéma miroir, nous condamnons l'autre à sentir cette dépendance et, à son tour, à y répondre. Privation instantanée de liberté de parts et d'autres. Bonjour le retour du bourreau-victime !

Nous ne faisons que nous renvoyer ce qui nous empêche nous-mêmes d'aller au bout de nos rêves. C'est là qu'intervient la sérieuse théorie sur l'amour qui dure trois ans. Bien sûr, qui voudrait dépendre de l'autre plus de temps et se sentir prisonnier de la dépendance de l'autre, obligé à n'être qu'une moitié de lui-même ? Et voilà la raison de l'émergence des divorces et des séparations. Nous allons chercher chez l'autre ce que nous pensons qu'il nous manque, au lieu de le trouver, en nous reliant à l'amour du ciel et de la Terre de tout notre cœur, pour y découvrir notre indépendance, notre autosuffisance et surtout notre magique différence. Nous jouons le jeu de l'enfermement, au lieu d'être dans le « je » de la liberté. Le cœur rend libre ou plus exactement, il aide à prendre conscience de l'importance d'être libre. L'autre ne se sentira jamais plus libre que si nous nous offrons d'abord à nous-mêmes notre liberté propre. Tant que nous cherchons à ce que l'autre prenne sa place à côté de nous dans notre vie, nous prenons du pouvoir sur lui et nous le privons de sa liberté de choisir avec son cœur, sa juste place. En choisissant librement notre propre place avec notre cœur, nous permettons à l'autre, dans cette même liberté, d'en faire de même pour lui. Ainsi, là, nous rentrons dans la dimension de l'amour libre qui ouvre l'amour éternel. En effet, l'amour éternel est l'amour libre. Des personnes peuvent s'aimer profondément mais ne pas se trouver, uniquement parce qu'elles se cherchent, au lieu de prendre leur juste place, en vérité avec elles-mêmes.

C'est notre amour du pouvoir qui nous a détournés de notre pouvoir de l'amour. Cet amour de la force consiste à prendre le dessus sur l'autre ou laisser l'autre nous dominer. Cela consiste à donner plus d'importance au monde extérieur que nous nous en donnons à nous-mêmes de l'intérieur, dans l'écoute de notre cœur. Alors qu'il s'agit, en fait, dans notre chemin de confiance de nous écouter nous-mêmes, dans tout ce que nous aimons pour nous-mêmes. Et d'ainsi prendre place où nous aimons être, pour en schéma-miroir permettre à l'autre d'en faire, à son tour, librement de même. Qui est heureux d'attendre un « sms » toute la nuit ? Celui qui va se pourrir le sommeil et être encore plus émotif de fatigue, le lendemain ou celui qui, excédé par les remontrances, va se sentir « fliqué » ? Aucun, les deux sont prisonniers. Pourquoi ? Car ils fonctionnent sur un schéma de peurs passées, qui les éloignent de leur cœur et donc l'un de l'autre. Celui qui attend répond à ses peurs d'abandon ou de trahison et propose à l'autre en miroir de le faire attendre, de l'abandonner et de le trahir. Alors que les deux s'aiment et ont comme unique envie intérieure de s'avouer leur amour. Ainsi, celui qui est vu comme le tortionnaire va finir par incarner ce rôle destructeur, bien loin de son cœur.

Le Pouvoir d'Amour naît dans notre cœur, au centre de nous-mêmes, puisque c'est cet organe en nous qui porte la vie. Tous les humains s'accorderont à l'unisson, cartésiens, spirituels, mathématiciens, littéraires, pour dire que notre cœur est ce qui nous maintient en vie. Sans lui, nous sommes morts. S'il arrête de battre, notre vie s'interrompt d'un coup. Donc notre cœur est bel et bien notre vie. Dans notre Pouvoir d'Amour, notre âme et notre corps sont liés par notre cœur. Comme une sorte de sablier géant, notre être relie par notre cœur, notre âme à notre corps. Ainsi, nous pouvons, en appui de notre cœur, choisir ce que nous aimons, pour le faire descendre comme le sable dans un sablier dans notre corps et ainsi, par une validation émotionnelle, l'incarner pleinement jusqu'à l'attirer jusqu'à soi. Nous n'avons finalement rien à faire, si ce n'est à nous aimer au présent et choisir, à partir de notre libre arbitre, de nous libérer de tout ce qui ne nous correspond plus, pour mieux recevoir.

Le Pouvoir d'Amour est différent en chacun de nous, car personne n'a eu le même passé ou présent, donc, n'aura le même futur. Heureusement, en effet, tout le monde a des goûts différents et aime des choses différentes. C'est même la richesse de notre monde, sans quoi, on s'ennuierait très vite. Mais comme dans nos croyances, nous pensons depuis des générations que la différence divise, nous nous la sommes refusée à nous-mêmes intérieurement et la subissons extérieurement. Toujours davantage, la montrer du doigt et la lire en l'autre, plutôt que de l'accepter en soi. Nous savons la regarder à l'extérieur, la montrer du doigt, la juger alors qu'elle est notre trésor, notre véritable clef, pour être libre dans notre amour.

Notre différence, quelle qu'elle soit, est notre plus grande chance de nous réapproprier notre propre pouvoir d'amour, notre vraie vie. Notre différence marque notre identité, notre authenticité à caractère unique. Se raccorder à notre différence de tout notre cœur revient à reprendre notre juste place en ce monde et enfin nous offrir notre chance de vivre le miracle de la vie. Cette différence, les autres nous la montrent depuis toujours avec insistance parce que nous ne voulons pas la considérer. En l'aimant, au même titre que toutes les autres parts de nous-mêmes, nous connectons notre amour pur et nous récupérons notre souffle de vie afin, enfin, de vivre pleinement cette vie qui s'offre à nous depuis toujours. Il ne s'agit pas de défendre l'autre dans sa différence, mais d'aimer cette différence en soi, pour aider l'autre à son tour, à aimer sa propre différence. Nous savons que le cœur est un récepteur, uniquement créé pour recevoir la vie. Il nous suffit donc de recevoir ce qui nous est proposé à l'extérieur, qui n'est autre que la résultante de ce que nous avons créé de l'intérieur, avec notre cœur et de nous le laisser recevoir. Une chanson à la radio, un mot sur un mur, un rêve, des paroles entendues en passant dans la rue, autant de messages qu'il nous reste juste à accueillir sereinement.

Notre Pouvoir d'Amour est donc la réponse, pour permettre à nos rêves de se concrétiser en toute simplicité. Plus spirituellement, il s'agit de connecter tout notre être à notre cœur, en se définissant par ce que l'on aime, pour ensuite le choisir et le recevoir. Cela s'appelle le « je vis ».

Que cela signifie-t-il ? Nous sommes réellement ce que nous aimons. Notre cœur est notre véritable, juste et simple vie, c'est notre Pouvoir d'Amour. Nous nous reconsidérons dans tout ce que nous sommes depuis notre cœur, donc en Vérité avec notre Cœur. Nous recevons ainsi, tout simplement, à notre juste place, le miroir de ce que nous aimons être, c'est notre Justesse de Cœur. Regardez la forme d'un cœur : que représente-t-elle ? Deux bulles sur le haut, c'est-à-dire la Vérité de Cœur et la Justesse de Cœur qui forment un « M » et un « V »pour refermer le cœur, c'est-à-dire la liberté de recevoir. Tout y est représenté. Le cœur, c'est notre Pouvoir d'Amour, notre liberté de recevoir ce que l'on aime vivre. Reprendre notre propre pouvoir d'amour de créer notre vie en fonction de ce que l'on aime et ne plus donner ce pouvoir aux autres ou le prendre sur eux. Et c'est surtout nous offrir cette vie cadeau de notre incarnation terrestre.

N'oublions pas qu'à chaque seconde, nous avons le pouvoir de choisir notre propre vie, pour nous-mêmes, en appui de ce que nous avons déjà vécu. Nous pouvons lire dans notre cœur ce que nous aimons, le choisir et ainsi en toute confiance, nous le laisser recevoir et vivre. C'est un monde qui nous était jusque-là inconnu, mais qui nous est bel et bien accessible. Mais, en fait, qu'est-ce-que l'inconnu ? Le connu-1, c'est-à-dire le fait de se révéler dans sa globalité d'être, donc âme, corps et cœur réunis ne faisant qu'1 dans notre propre amour. Ainsi, cet amour trinitaire nous livre la possibilité de vivre éternellement la vie que l'on aime. La réalité est que nous avons tout en nous, tous nos rêves existent dans une part de nous-mêmes et maintenant, nous en avons la clef pour y accéder. Bien sûr, réaliser que l'on a tout en soi est très perturbant. Tout comme se dire que l'on a notre propre Pouvoir d'Amour.

Le Pouvoir d'Amour c'est le cadeau originel de notre merveilleuse incarnation terrestre. Pas besoin de dresser des obstacles ni de se sentir toujours plus éloigné, de ce que l'on veut. Il s'agit de devenir soi dans toute sa vérité, en ayant fait la lumière sur ce que nous sommes dans notre entièreté et dans cet amour unitaire sublimatoire, découvrir cette vie d'amour en nous-mêmes. Ainsi, notre cœur étant un récepteur, nous allons attirer à nous, sans même avoir besoin de lever le petit doigt ce que nous aimons et le vivre. C'est comme lorsque nous commandons notre plat préféré au restaurant. On le commande, c'est-à-dire qu'on le choisit, car c'est celui que l'on aime. Puis il vient tout seul jusqu'à soi. On n'a pas besoin de faire des milliards de choses dans tous les sens pour que cela nous parvienne.

En toute liberté, l'autre nous offre le meilleur, parce que nous nous sommes proposés, pour nous-mêmes, le meilleur. Eh bien la vie est ainsi, et c'est la puissance du pouvoir d'amour de faire venir à soi ce que l'on aime tout simplement, sans se focaliser ni prendre du pouvoir sur l'autre. Est-ce qu'une fois votre plat commandé, vous doutez ? Non. Vous vous le laissez recevoir, en restant à votre juste place, non ? Si vous changez de place, déjà il mettra plus de temps à arriver... Si vous décidez d'aller recevoir votre commande à la table d'un restaurant voisin, ça risque aussi de se compliquer. Donc, autant rester à sa juste place et se laisser recevoir en toute confiance, ce que l'on a commandé pour soi. Il ne s'agira pas non plus d'aller commencer à rendre visite au chef de cuisine pour voir comment il prépare notre plat... ni s'il met les bonnes sauces et s'applique. Encore une fois, pas d'intervention, on se laisse recevoir tranquillement notre commande. Pas non plus d'action ni de logistique réfléchies pour s'assurer qu'il sera bien acheminé jusqu'à soi. C'est précisément là où le plat a été commandé qu'il nous sera servi, en toute simplicité. Si, à l'instant où vous avez commandé votre plat, vous quittez votre juste place, il y arrivera, mais vous ne serez pas là pour le recevoir. Lorsque l'on prend sa juste place pour soi dans toute sa vérité de cœur, l'autre y trouve aussi à vos côtés, sa juste place. On attire à soi ce que l'on est. Cette liberté qu'on cherche tous, au travers de tant d'excès, de contraintes, de peurs, d'obstinations, est en fait là depuis toujours, en notre cœur incarné, dans notre Pouvoir d'Amour. Notre Pouvoir d'Amour nous ouvre depuis toujours le chemin du tout est possible. Nous n'avons surtout pas à agir, mais juste à recevoir.

Dans cette alliance d'amour de la Terre et du Ciel, qui nous a été offerte depuis notre incarnation terrestre, nous pouvons, tel notre premier cri d'enfant, reprendre notre propre souffle de vie, pour reprendre notre vraie juste et simple vie. Ce Pouvoir d'Amour nous permet de porter un autre regard, tant sur notre âme que sur notre corps, donc tant sur soi que sur l'autre. Nous avons le pouvoir de vivre le pire et le meilleur de la Vie, à nous de choisir librement...

Chapitre 11

Et le puzzle, de se reconstituer…

Nous n'étions qu'un à l'origine de tous les temps. Dans cette existence qui ne nous permettait que d'être la moitié de nous-mêmes, la femme était le yin, partie âme de l'être. Un peu comme une demi-lune. Et l'homme était le yang, partie masculine de l'être. Tout comme un nuage qui cacherait la moitié du soleil. Dans cette semi-existence, il nous a été offert d'exister, comme un tout, à part entière. Et c'est ainsi que nous avons été séparés en deux, pour nous permettre d'aller développer notre propre tout en soi, chacun de notre côté.

Pourquoi avons-nous été séparés ? Étant donné que nous étions liés l'un à l'autre, nous ne pensions qu'être complémentaires et ainsi dépendre l'un de l'autre. Alors que notre identité propre renfermait un tout qui nous rendait en fait, sublimatoires l'un de l'autre. Dans notre libre arbitre, nous était proposé de reconstituer à partir de notre cœur d'enfant intérieur, nos propres parts manquantes pour ainsi devenir un tout en soi. Et non de nous mettre en recherche extérieure de cette partie manquante de nous, de façon obsessionnelle de vies en vies. Le passé n'est pas là pour être reproduit ou revécu, mais pour nous indiquer les chemins déjà empruntés et les issues obtenues par le passé pour savoir si nous souhaitons ou non aujourd'hui les reprendre.

Dans notre dualité humaine, au lieu de voir cette séparation, comme une chance d'être soi dans son entièreté, nous avons cherché à reconstituer cette unité d'origine fusionnelle. Nous sommes donc allés chercher cette part qui nous manquait à l'extérieur de nous en l'autre, alors qu'il suffisait de la lire en nous. Comme à la manière des inséparables, ces jolis petits perroquets que l'on achète par deux, car profondément et naturellement amoureux. Lorsque l'un des inséparables choisit son partenaire, il le garde à vie, fidèlement. Mais contrairement à la légende, lorsque l'un des inséparables meurt, l'autre retombe amoureux et refait sa vie. Nous avons voulu voir ce côté inséparable comme une dépendance, un besoin de l'autre, sans lequel notre vie s'effondre, alors qu'il s'agit de quelque chose de bien plus beau. L'un des perroquets n'est pas complémentaire de l'autre, il est un tout, en lui-même, dans sa propre différence, sa propre identité. Et c'est même parce qu'il est un tout qu'il mènera sa propre vie, fidèle à lui-même, avant tout. Ainsi, l'autre est un plus et non un besoin à sa vie. Il ne s'agit pas d'aller rencontrer à l'extérieur cette autre part qui ne faisait qu'un avec nous à l'origine : on ne revit pas le passé, mais de nous reconnecter dans le cœur, pour y retrouver notre vie. Nos premiers pas vers cette vie en nous passent par la révélation de cette trinité, âme, corps, l'enfant intérieur (ou cœur) qui existe en chacun de nous comme une unité merveilleuse.

L'âme est l'empreinte de tout ce que nous avons vécu, pour être ce que nous sommes aujourd'hui. C'est notre identité, notre magnifique différence. Le corps est notre enveloppe d'amour, notre premier cadeau de naissance, qui nous ouvre une autre vie, que celles déjà vécues. L'enfant intérieur vit, tout simplement. Notre cœur unitaire des trois marque le présent éternel en nous. Chacune de ces trois parts en nous forme la Trinité unitaire de la vie que nous portons dans notre cœur. Cette unité d'amour nous offre une vie meilleure à travers trois axes : « aimer », propre à l'âme, « être », propre au corps et « vivre », propre à l'enfant intérieur. « Aimer » veut dire « se laisser recevoir librement », c'est la clef de l'âme. Les croyances et le besoin de reconnaissance nous ont détournés d'aimer, pour nous pousser à rechercher à être aimés. Nous avons ouvert ainsi notre prison, nous privant nous-mêmes de liberté, tout en privant simultanément l'autre également. « Aimer » signifie, se libérer du pouvoir de l'autre sur soi ou de soi sur l'autre. « Être aimé » déclenche la dépendance. La clef de la liberté que nous offre l'âme est d'aimer et s'aimer. Étant donné qu'il ne s'agit que d'ouvrir son cœur et d'offrir à l'autre, s'il le souhaite, dans son plein libre arbitre, de venir.

C'est dans la liberté que l'on trouve son cœur et ce qui est bon pour soi. Plus une personne se sent libre, plus elle écoute son cœur, naturellement. Lorsque l'on veut être aimé, la liberté disparaît pour faire place à la dépendance, aux limites des croyances et à des perspectives, qui passent par l'autre et plus par soi. S'aimer revient à faire grandir cette liberté en soi. Et comme on attire à soi ce que l'on est, permettre à l'autre de lui-même, d'être plus libre. En pensant à l'autre, nous nous privons de notre liberté et privons aussi l'autre de sa liberté, à notre contact. Les peurs de rejet, d'abandon, de trahison, d'injustice et d'humiliation émanent de cette liberté que l'on perd pour soi, en laissant passer l'autre, avant soi. C'est compliqué à notre époque car les mœurs et coutumes montrent cette nécessité de choisir l'autre et jugent l'égoïsme. Les valeurs religieuses prônent la dévotion à l'autre. C'est ce que nous observons tout autour de nous et à travers lesquelles nous continuons à survivre. Pourquoi ? Par peur de perdre l'autre, nous nous sommes perdus nous-mêmes. Au lieu de vivre au présent notre vie, nous répondons à notre rapport aux autres. S'aimer soi avant d'aimer l'autre est la révélation de notre libre arbitre à choisir le meilleur, d'abord et avant tout pour nous-mêmes. En choisissant de vivre le meilleur pour soi, on est pleinement libre. Cette liberté qui émane du cœur crée des liens de présent éternel, car chacun a choisi de tout son cœur, dans sa pleine liberté d'être là où il est. La liberté de l'un est en plus renforcée par la liberté de l'autre.

L'âme est notre part féminine, le corps est notre part masculine. Et l'enfant intérieur est le sexe dans lequel nous avons choisi de nous incarner. L'âme est la bibliothèque géante qui renferme tout notre vécu qui nous a permis d'être ce que nous sommes, dans notre unique différence. C'est notre identité propre. Nous vivons dans un monde où la différence se marque à l'extérieur sur des jugements, des rejets, des a priori, alors qu'elle est le trésor de notre vie, en nous-mêmes. C'est ce qui nous rend si uniques, pour être sublimatoires, les uns des autres. Personne n'a le même vécu donc, la même personnalité. C'est notre cadeau égalitaire à tous, pour devenir meilleurs au contact les uns des autres. Pour le réaliser pleinement, l'alliance entre le corps et l'âme est notre premier passage ou « pas sage ». Réaliser comment l'âme et le corps se subliment permet de reconsidérer le rapport masculin-féminin.

Anatomiquement, si nous sommes constitués naturellement ainsi, l'homme avec un sexe extérieur et la femme avec un sexe intérieur, c'est pour nous montrer notre fonctionnement naturel. La femme est faite pour recevoir et l'homme pour donner. L'homme ne se sent jamais plus homme qu'en donnant, parce que c'est pour lui sa meilleure façon de recevoir en restant libre de donner à son rythme, et la femme n'est jamais plus heureuse que de recevoir, parce que c'est le meilleur qu'elle puisse donner. En donnant, l'homme se sent libre d'exister, d'avancer tel qu'il le souhaite pour lui-même et cette liberté d'agir, l'encourage à donner davantage encore pour se sentir encore plus libre. Il se sent libre face à la femme qui se laisse recevoir en toute confiance. La confiance de la femme est le plus grand don pour l'homme. La femme, en recevant, ouvre son cœur donc sa confiance et se sent libre de vivre sereinement le cœur ouvert, prête à recevoir le meilleur en tout amour et en recevant se sent comblée de vivre une autre vie bien meilleure, offerte par l'homme dans toute sa différence. C'est identique pour les relations homosexuelles, dans lesquelles il y a toujours une dominance féminine ou masculine.

Nos karmas, c'est-à-dire les identités de nos familles passées ou présentes, nous ont détournés de ce que l'on aime, pour soi, dans son cœur. On répond aux croyances, à partir de ce que l'on a vu et vécu et les limites se dessinent. Ces dernières années, des hommes ont pris la place des femmes et vice versa. Des hommes se sentent plus heureux avec d'autres hommes, des femmes avec d'autres femmes. L'être humain recherche sa liberté d'être heureux, en s'aimant tel qu'il est. La différence s'est exprimée, mais encore une fois, elle a été catégorisée au lieu d'être reconnue, par chacun, en soi. Ce qui compte, c'est d'être vraiment soi, parce qu'en s'aimant pour ce que l'on est, l'autre, par schéma-miroir, dans sa pleine liberté, calque le miroir. Les personnes qui ont d'ores et déjà compris leur différence, ont souhaité que les autres l'acceptent et l'ont ainsi imposée ou exposée au lieu de la vivre silencieusement en elles-mêmes. C'est la naissance des extrémismes et des sectarismes. Il ne s'agit pas d'exposer ou d'imposer sa différence, mais de la vivre silencieusement, pleinement et librement.

C'est l'image des « singes de la sagesse ». Ces petits singes, au nombre de trois, nous montrent comment écrire demain comme une nouvelle vie. Ils posent leurs deux mains ou « demain », l'un devant ses yeux, l'autre sur ses oreilles et l'autre sur sa bouche. Le message est clair : « Regarder sans les yeux, mais avec le cœur, ne pas entendre avec les oreilles, mais écouter avec le cœur et enfin, ne pas parler, mais se laisser recevoir ».

Nous ne pouvons pas, du jour au lendemain, l'établir à l'extérieur. Mais en le réalisant de l'intérieur à travers notre âme, notre corps et notre enfant intérieur qui représentent tous les trois notre cœur, nous pouvons silencieusement le vivre entièrement intérieurement, jusqu'à le révéler, à l'extérieur de soi. Jusqu'à récemment, nous avions peur de réaliser notre incarnation, parce qu'elle nous donnait la sensation de nous auto-suffire, excluant ainsi l'autre. Mais nous ne sommes pas deux, mais trois et l'enfant intérieur vient révéler qu'en vivant avec simplicité pleinement et librement, l'autre devient naturellement sublimatoire de soi. C'est le cadeau de la vie.

Les sept portes de Lumière qui existent en chacun de nous nous rappellent à cette vie nouvelle, cadeau de notre naissance. Ce sont les sept souffles de Vie et d'Amour en nous.

Elles sont visibles avec le cœur, ce sont nos sept chakras. Le chakra coronal nous aide à aimer croire en la vie et en nos rêves, pour quitter notre besoin d'être aimé. Le chakra troisième œil nous montre que ce que nous regardons en l'autre est une part de nous-mêmes et que nous avons deux regards possibles, le meilleur pour soi ou le pire. En regardant le beau en soi, nous offrons à l'autre de réaliser et nous donner le beau en lui-même. C'est la beauté de l'amour et de la vie. Le chakra gorge nous donne la liberté d'être ce que nous aimons être, loin des limites que nous nous sommes imposées à travers l'autre. C'est la révélation de notre libre arbitre. Notre choix d'être ce que nous aimons être pour nous-mêmes.

C'est le choix de pouvoir anéantir l'amour du pouvoir, au profit du pouvoir de l'amour. Le pouvoir de l'amour signifie lâcher toute forme de pouvoir entre l'autre et soi, pour réaliser le pouvoir de choisir le meilleur pour soi, tout simplement. Le chakra cœur nous ouvre la porte d'un amour plus grand, plus vrai, parce qu'en vivant le meilleur de soi, on vit le meilleur de chacun, en l'univers. Chaque amour choisi pour soi, vient renforcer l'amour déjà existant et donc, élargit le cœur. Le chakra plexus solaire ouvre la pureté de l'amour et de la vie, c'est-à-dire la vérité sur soi et sur la vie toute la puissance de l'incarnation, dans ce que l'âme offre comme liberté au corps. Les émotions ramènent à la vie, car lorsqu'on les libère, elles font place à la vie. Le chakra sacré révèle la magie de la vie, à travers notre juste place dans laquelle nous pouvons librement tout recevoir de l'autre. Ainsi, le corps montre toute la dimension de son amour libéré, pour offrir de nouvelles perspectives à l'âme, différentes de celles déjà vécues. Le corps étant sublimatoire, l'âme s'abandonne totalement en lui et l'incarnation se révèle dans toute sa magie de la vie. Le chakra racine marque la joie de vivre et nous rappelle toute l'importance de vivre l'instant présent dans sa dimension d'éternité. Il ramène à l'identité propre qui s'enracine dans le corps, pour ouvrir une vie meilleure, à partir de soi, dans tout ce que l'on aime. Dans le chakra racine, l'enfant intérieur vit joyeusement, librement et simplement, parce que toutes les portes de la vie sont ouvertes. Ces différents chakras sont régulés par leurs couleurs et se remplissent de lumière par la vie sous toutes ces formes d'amour : céleste, terrestre, minérale, animale, végétale et humaine.

Ces portes de Lumière d'amour que sont les chakras se révèlent quand nous pensons au meilleur pour soi. Tant que nous sommes centrés chez l'autre ou dépendants, de quelque façon que ce soit, de l'autre, nous plongeons ces portes dans l'obscurité. En ouvrant notre cœur à partir du « j'aime », chacune de ces portes s'ouvre progressivement. Ces portes communiquent entre elles pour faire naître l'alliance ciel-terre, c'est-à-dire âme-corps, pour ouvrir le cœur de notre enfant intérieur, donc la vie en chacun de nous. Apprendre à découvrir le sens de notre incarnation, c'est-à-dire notre âme qui s'abandonne à notre corps, revient à réaliser notre rapport à l'autre dans toute sa dimension. Que nous soyons homme ou femme, l'âme est notre part féminine et le corps lui, est notre part masculine. Le sexe étant déterminé selon que l'on s'est davantage appuyé sur le corps, donc l'élément terrestre pour l'homme, ou davantage appuyé sur l'âme, donc l'élément céleste pour la femme. L'homme va se construire à partir de son corps pour progressivement accueillir l'âme. Ce qui signifie qu'il va considérer la perspective propre au nouveau corps plutôt que de s'appuyer sur le vécu de son âme qu'il aura tendance à fuir. Il sera ainsi dans une volonté de toujours avancer sans penser à hier, voulant même oublier hier, dont il a beaucoup de difficultés à considérer l'intérêt. Au contraire, la femme s'appuie sur l'âme et sur la mémoire de tout ce qu'elle a vécu. Ainsi, la femme est ancrée sur le passé et l'homme sur le présent. La difficulté de l'homme étant qu'en voulant oublier hier, il s'oblige à revivre tout ce qu'il a vécu avant de pouvoir vivre autre chose de nouveau. Et la femme, elle, ne fait que projeter demain en appui d'hier. L'un comme l'autre ne peuvent véritablement accéder à la nouveauté. En apprenant à porter un nouveau regard libre sur soi, on ouvre les limites, tant de l'âme, que celles du corps.

Ce regard libre c'est celui du cœur. Si nous avons un cœur qui bat et qui nous maintient en vie, c'est parce que notre âme, part mémoire mais morte de nous-mêmes, a retrouvé la vie en s'incarnant dans un corps. C'est l'unité d'amour que nous portons en nous. L'âme, en s'abandonnant entièrement dans le corps, trouve la perspective d'une vie nouvelle, en appui du sens qu'elle a déjà écrit. Le corps lui donne la chance de vivre une nouvelle vie. L'âme, elle, offre au corps un sens pour ne plus revivre le passé et poursuivre vers la nouveauté. Ainsi, le corps ne revit plus le passé et a une direction toute indiquée pour poursuivre le cheminement vers une vie meilleure. Cela nous permet de réaliser qu'à travers notre corps et notre contact à l'autre, il nous est donné la chance de vivre une vie meilleure. En réalisant cette union âme-corps et enfant intérieur en soi, nous avons créé notre famille intérieure et pouvons ainsi pleinement nous laisser recevoir notre famille extérieure, dans le rapport à chaque autre être humain et à chaque élément de l'univers. Cette réalisation intérieure permet de reconsidérer la relation au monde extérieur. Si nous avons choisi de nous incarner sur terre, c'est que nous savions pouvoir vivre une vie meilleure.

La Terre est la première promesse tenue de ce mieux être, lorsqu'on considère qu'on a choisi la base terrestre, pour notre incarnation. Le corps est la deuxième dimension d'amour sublimatoire de l'âme qui s'y dépose, pour s'offrir une vie meilleure. Et l'autre est le troisième cadeau puisqu'il est, par sa différence, le seul à pouvoir nous faire quitter notre dimension limitée pour élargir nos perspectives, en nous offrant à travers son regard propre une autre vision sublimatoire de notre regard initial. Chaque être qui vient à soi est la profonde promesse d'une vie meilleure.

Notre vision n'est que notre regard, issue de nos croyances, alors que l'univers nous propose mille versions différentes de la même situation. Il y a le pire et le meilleur en chacun de nous. S'aimer avant d'aimer l'autre signifie choisir de regarder le meilleur pour soi, par amour de soi. La Vérité de Cœur, cadeau de l'âme au corps, montre que tout ce que nous pensons avoir vécu n'est que notre propre regard sur le passé et non forcément ce qui s'est réellement passé. Peu importe le regard passé, car il fait ce que nous sommes aujourd'hui, donc à quoi bon vouloir le changer ? Ce qui compte, c'est aujourd'hui et maintenant, au présent, le regard que nous portons. Tout ce que nous avons vécu nous permet maintenant de vivre quelque chose de bien meilleur, car nous n'avons en aucun cas à revivre le passé. Notre chance de vivre autre chose s'ouvre sur cet autre regard qui part du cœur et nous propose dans notre libre arbitre de choisir de vivre quelque chose de meilleur pour soi. Lorsque la vie nous envoie une situation, une discussion, une personne qui nous donne la sensation d'être triste ou oppressé, nous pouvons choisir de vivre mieux, grâce à notre libre arbitre.

En nous proposant le meilleur pour nous-mêmes, nous offrons à l'autre d'être le meilleur pour lui-même. Il n'y a plus de pouvoir l'un sur l'autre, ni de dépendance, car chacun pense à soi et s'offre le meilleur, donc, offre par la même occasion le meilleur de lui-même à l'univers entier. C'est le merveilleux Pouvoir d'Amour de l'être humain qui peut lui seul, choisir le meilleur ou le pire pour lui-même.

Toutefois, si chacun s'offre le meilleur pour lui-même et accepte que tout ce qui vient à lui est une chance, pour lui, de s'offrir une vie meilleure, alors nous vivrons tous ensemble cette vie meilleure.

Cela peut paraître utopique d'avoir la liberté de vivre pour soi la vie que l'on aime tant que l'on ne l'a pas vécue. C'est pourtant le cadeau du libre arbitre qui est accessible à tous. Heureusement, on ne peut pas le choisir pour l'autre, mais uniquement pour soi-même. La liberté donne une éternité à l'amour. Ne vivre que pour soi, et par rapport à soi, en s'offrant une vie meilleure à chaque instant, permet à chacun de réaliser cette même dimension de liberté en lui-même. Il suffit de se choisir soi-même en regardant, écoutant ce qu'il y a de meilleur pour soi et ainsi de le vivre silencieusement. Aussi, dans notre propre liberté, l'autre, dans cette dimension libre, s'offre à son tour, tout naturellement, le meilleur. L'erreur que nous commettons souvent est de vouloir parler pour convaincre. C'est la liberté qui offre à chacun d'écouter la voix de son cœur. Lorsque nous parlons, nous ramenons la vie à nous-mêmes et à nos limites. Lorsqu'au contraire, nous l'écoutons de tout notre cœur dans le silence, l'autre nous sublime inexorablement et merveilleusement. Être humain est un merveilleux cadeau divin. Mais, depuis des générations entières, nous ne nous proposons que le pire de nous-mêmes et donc le pire des autres. Il n'en tient qu'à nous de nous aimer pour nous offrir une vie meilleure. Notre prison réside dans le besoin d'être aimé. « Aimer » est la clef de tout, en tout et pour tout, parce que cela signifie se laisser recevoir l'amour et donner vie à l'amour en soi. Aimer, c'est être libre. C'est s'offrir d'être soi, dans la vérité, la justesse et la simplicité. Quand on aime, on propose à l'univers de recevoir tout son amour. Nous portons de merveilleuses différences que nous n'avons pas besoin de revendiquer mais juste de vivre, tout simplement. En aimant avec profondeur nos différences quelles qu'elles soient, nous deviendrons le meilleur de ce que nous sommes et nous serons libres éternellement.

L'Éternité est le cadeau de l'âme, parce qu'elle fait le pont entre le Ciel et la Terre. C'est ce que nous appelons la verticalité. C'est l'alliance d'amour entre le ciel et la terre où l'âme et le corps, qui lorsqu'ils se mêlent, au cœur de leur fusion, nous offrent l'éternité. La particularité étant que, même s'ils se fondent l'un dans l'autre, pour ne faire qu'un, révélant l'enfant intérieur en soi, ils gardent chacun leur identité profonde. Et ils continuent de se sublimer, à chaque instant. La fusion des deux donne naissance à l'enfant intérieur qui est l'incarnation, c'est-à-dire qu'il porte sa propre couleur de peau. Cette couleur est différente pour chacun et c'est même le plus grand trésor de la vie, car chaque différence de couleur peut ainsi se transcender, en trouvant plus d'intensité, plus de lumière, plus de profondeur, plus d'éclat, au contact de l'autre. Avec cette verticalité éternelle, s'ouvre l'horizontalité qui révèle le présent entre passé et futur. Ainsi, sur un point de rencontre entre horizontalité et verticalité, comme sur une croix, symbolique de nombreuses religions, s'écrit cette rencontre entre terre et ciel, passé et futur, en un point commun au centre : le présent éternel. Ce présent éternel nous offre d'être libres d'hier en étant insouciants de demain, tout en vivant, avec sérénité, le présent éternel. On ne s'occupe plus d'hier qui fait ce que nous sommes et on ne pense pas à demain, qui se créait dès aujourd'hui.

Nos rêves émanent de notre cœur, à nous de les recevoir, comme notre propre cadeau dans notre corps. Notre corps est notre présent naturel. La vie est belle, magique et merveilleuse. La magie de l'amour est en nous. Nous pouvons continuer à vivre dans cette vie dans laquelle nous évoluons depuis toujours si c'est notre choix. Mais nous ne pouvons plus ignorer que c'est bel et bien un choix, à travers ces deux chemins possibles. Et nous ne pouvons plus rendre l'autre responsable de ce choix. Notre incarnation renferme ce précieux cadeau de vivre librement le meilleur et nous avons même choisi de venir sur Terre pour cela, dans le but d'avoir la liberté de choisir notre vie. La vie est simplicité, amour et bonheur. Le bonheur est la bonne heure, c'est-à-dire l'heure où nous décidons de lire dans nos cœurs, ces deux chemins qui s'offrent à nous. Ils sont là, en nous, pour nous offrir, soit de revivre hier ou d'écrire demain différemment dès aujourd'hui. Le libre arbitre est notre cadeau du présent, c'est donc seulement aujourd'hui que nous pouvons choisir. Le choix est tant pour hier que pour aujourd'hui et il ouvre les deux chemins possibles, pour demain. Sur hier, deux regards possibles :

celui qui fait mal et celui qui fait du bien. C'est à nous de choisir celui que l'on préfère. Et sur aujourd'hui, également ces deux mêmes regards, car dans le même angle où nous pensons avoir mal, il y a un angle qui est déjà là pour nous faire du bien. Cela va donc dépendre de l'amour de soi, c'est ce que l'on appelle l'amour 1-conditionnel, c'est-à-dire l'amour sous la condition de l'unité de notre cœur. Lorsque nous sommes impatients, empreints au doute et que nous répondons à nos peurs, c'est par référence à ce que nous avons déjà vécu. Et à cette seconde, nous empêchons l'autre de nous donner son amour. Nous proposons à l'autre d'être le pire de lui-même, en nous-mêmes, nous préparant au pire. Si aujourd'hui nous réalisons que ce que nous sommes devenus par rapport à hier ne nous correspond plus, alors nous pouvons choisir de nous en libérer consciemment pour laisser place, en toute confiance, à notre nouveau regard. Si nous ne laissons pas arriver les choses, c'est par manque de confiance en l'autre, donc en soi. Choisir de donner cette confiance, c'est nous offrir de recevoir l'amour de l'univers entier. Tant que nous n'avons pas choisi d'arrêter de nous focaliser sur certaines parts de nous, elles subsistent en nous. Et en schéma-miroir, elles nous sont systématiquement renvoyées. Dès lors que nous les avons acceptées, comme passées et que nous avons choisi de nous en dé- focaliser, l'autre ne peut plus y accéder non plus. Si, bien sûr, nous nous laissons recevoir à l'instant présent, en toute sérénité, ce que nous offre demain. Et voilà, la naissance d'un relationnel bien différent et sublimatoire avec l'autre. C'est exactement ce que nous offre notre libre arbitre : choisir un demain meilleur, en appui d'hier, pour le vivre dans un présent éternel. Nous aurons peut-être besoin de parcourir plusieurs fois le verre vide, pour y prendre peu à peu la confiance de nous laisser enfin recevoir notre vie dans l'être, dans la version du verre plein. Parfois, même si on aime le soleil, un peu d'ombre peut faire beaucoup de bien. Trop de lumière d'un coup peut apeurer et l'obscurité peut parfois rassurer. La liberté est d'avoir le choix des deux et de se diriger vers celui qui nous correspond le mieux, au présent, tout en sachant que l'autre est accessible à tout moment si on change d'avis. Demain s'écrit de nos deux mains. La main gauche, qui reflète hier, écrit avec ses cinq doigts : « LIBRE ». Et la main droite écrit de ses cinq doigts « VIVRE ». La clef de la vie est d'être libre de vivre ou de vivre libre.

Pour ma part, c'est ma quête d'une vie meilleure qui m'a conduite à écrire « Jusqu'à moi... l'Amour tout simplement ». Je me sentais prisonnière de moi-même et des autres, avec la sensation douloureuse de faire du « sur place » et de revivre mon passé. J'ai toujours eu cette étrange image de la vie où il suffit d'ouvrir un peu sa porte pour que la Lumière y entre et offre un tout autre décor. J'ai choisi de tout mon cœur d'ouvrir ma propre porte à cette Lumière, en acceptant de tout reconsidérer, de tout, en tout et pour tout. J'ai progressivement réalisé qu'en portant un regard, une écoute, bien plus empreints d'amour, j'attirais à moi un mieux-être permanent qui ne faisait que renforcer mon bien-être.

Je suis devenue silencieuse d'émerveillement, car ce que je vis n'appartient qu'à moi. Moi seule pouvais m'en imprégner jusqu'à l'enraciner profondément en moi, en poursuivant dans le silence mon cheminement. Au bout de mon inoubliable chemin, j'ai retrouvé : l'Amour… tout simplement, mais si merveilleusement.

« Jusqu'à moi » est mon propre regard et ma propre écoute de cœur sur la vie. C'est ma couleur unique, ma profonde différence, un tout, qui m'a donné les clefs de ma propre liberté de vivre. Je crois en ce trésor incommensurable qu'est la merveilleuse différence de chacun. En ce, selon moi, qu'elle est notre chance de vivre une vie meilleure, tant pour soi qu'avec l'autre. Nous sommes tous des êtres divins et nous ne pouvons reprendre notre présent de naissance qu'en reprenant notre libre arbitre de choisir ce que l'on aime, pour soi.

Ā travers tout ce chemin jusqu'à moi, je me suis révélée dans tout mon cœur de femme sacrée et unique, à ma vraie juste et simple place en l'univers. J'ai tout simplement retrouvé mon cadeau de naissance : mon divin Souffle de Vie.

Chapitre 12

Remerciements…

Jusqu'à moi… l'Amour tout simplement », est mon premier « Merci » parce que je l'ai écrit et il a guidé mes pas jusqu'à la vraie juste et simple moi, l'unique femme de mes rêves. Quand on voit de la lumière derrière une porte, on a le choix d'ouvrir celle-ci ou non.

J'ai choisi d'ouvrir chacune de celles qui se présentaient à moi jusqu'à réaliser, de tout mon cœur, que les fermetures que je voyais n'étaient que mes propres limites. C'est ma délivrance, mon accomplissement et mon Souffle de Vie qui ont ouvert mon cœur à aimer, être et vivre tout simplement le présent éternel.

La première personne à laquelle je pense, la plus bouleversante et merveilleuse de mes rencontres, c'est Toi mon Amour. Tu es l'Homme de mes rêves. Tu es celui qui m'a aidée à découvrir le plus beau sens à ma vie. Avant toi, je cherchais à être aimée pour compenser un manque. Avec toi uniquement, tout est différent, inconnu et magique. Je t'aime tellement que j'ai réalisé qu'il fallait que je renferme tout autant d'Amour en moi. J'ai compris avec toi toute l'intensité, la pureté et la liberté du mot "Aimer" et à quel point un être libre peut en sublimer un autre de tout son cœur. T'aimer est tout simplement mon plus beau cadeau de la vie. J'en suis joyeuse et je vis sereinement le présent comme un Tout. Merci mon Amour d'être celui que tu es, libre, vrai, juste, entier, unique, je t'aime tout simplement.

Maintenant, mon papy Étienne c'est à toi que je pense. Merci papy de m'avoir guidée et aidée à réaliser que l'Amour donne vie, au-delà de toutes formes de mort et que l'amour est plus fort que tout, en tout et pour tout. En lâchant enfin ta main, mon papy, moi, ta Reine Hortensia, je te dis un grand « Merci » de tout mon cœur pour tout, de cette prise de conscience intérieure d'amour.

Merci papa. Merci maman. Merci mes parents que je sais du plus profond de mon cœur que j'ai choisis parce que je ne pouvais pas avoir meilleurs parents au monde, pour être celle que je suis aujourd'hui. Merci ma famille et merci ma belle-famille. Merci Grégory et merci Julie. Merci mes papys et mamies. Merci mes oncles et tantes. Merci mes cousins et mes cousines. Je vous aime tous. Chacun d'entre vous m'a permis, à sa manière, bien plus que vous ne pouvez l'imaginer, d'élargir mon cœur.

Des liens parfois inattendus se dessinent quand on suit la voix de son cœur. Claude, douce Anna, merci pour ta confiance en moi, quand je doutais de tout et surtout de moi, tu as toujours cherché la beauté de la lumière en moi et à force de te regarder me lire ainsi, j'ai appris à la découvrir en moi. Merci Emmanuel de m'avoir éclairée sur celle que je suis originellement. Merci Anita, pour ta douceur et ta belle et pure vision de la vie et du yoga nidra. Merci Karine pour ta lumière des rêves. Merci Marielle pour ta bonté d'Amour. Merci Siham pour ta flamme de liberté. Merci Gaëlle pour ta pureté de cœur. Merci Maëva pour ta magie d'amour. Merci Sandrine pour ta joie de vivre aux mille couleurs. Merci Marie pour ta clef divine. Merci Pierre-Louis pour le message de l'Éternité. Merci Nicole de m'avoir justement guidée sur le chemin de l'Amour. Merci Candice et Gégé de vos précieux conseils. Merci aussi à mes amis : Amélie, Yvelise, David, Céline, Nicolas, Caroline, Julien, Chloé, Aurore et Sébastien.

Merci à tous mes consultants de m'avoir ouvert votre coeur : Hymen, Fathia, Nathalie, Hind, Sophie, Marie-Ange, Anne-Marie, Alison, Philippe, Julie, Frédérique, Jean-Marc, Dino, Fatima, Georgette, Guy, Véronique, Marie-Claude, Sarah, Eddy, Gloria, Elisabeth, Stéphanie, Feta, Patricia, Jessica, Aimé, Murielle, Émilie, Souella, Michel, Nicolas, Salima, Anne, Sonia, Aurélie…

Merci Marie-Laure Arzel pour votre confiance et votre écoute attentive ainsi que pour le soutien de toute l'équipe des éditions « Le Faucon D'Or ».

Merci Carlotta Forsberg d'avoir réalisé pour la couverture, une séance photo que je n'oublierai jamais, par ton naturel magique. Tu as su, à travers ton objectif, livrer la vraie, juste et simple Moi. Je t'en remercie de tout mon cœur.

Merci au Tout, dans l'univers, de ma découverte du « je ». Je suis émue de rendre grâce, dans toute ma fascination et mon amour, à l'univers dans toute sa merveilleuse dimension. C'est mon petit jardin secret qui m'a permis d'ouvrir mon esprit pour vivre libre.

Merci à chaque bel être que j'ai croisé, avec qui j'ai échangé ne serait-ce que quelques secondes, quelques mots, un sourire.

Merci à chacune de mes rencontres qui m'a aidée à m'améliorer et à aimer toujours plus et plus fort.

Merci à tous de m'avoir offert vos différences pour m'aider à réaliser la mienne de tout mon cœur.

Merci à l'Amour tout simplement…

Sommaire

http://www.editionslefaucondor.com

Achevé d'imprimer à Ouestélio
505, rue Jurien de la Gravière - 29200 Brest
Tél. : 02 98 44 32 36
E-mail : infos.clients@ouestelio.fr

Juillet 2014